[美] 科丽·科歌昂 Kory Kogon　　　亚当·美林 Adam Merrill　　　莱娜·林内 Leena Rinne

THE PATH TO EXTRAORDINARY PRODUCTIVITY

激发个人效能的五个选择

THE 5 CHOICES

美国管理协会
经典培训教材

中国青年出版社
CHINA YOUTH PRESS

图书在版编目（CIP）数据

激发个人效能的五个选择 /（美）科歌昂，（美）美林，（美）林内著；
纪沅坤，刘白玉，孙明玉译.
—北京：中国青年出版社，2015.5
书名原文：THE 5 CHOICES: THE PATH TO EXTRAORDINARY PRODUCTIVITY
ISBN 978-7-5153-3222-2
Ⅰ.①激… Ⅱ.①科… ②美… ③林… ④纪… ⑤刘… ⑥孙…
Ⅲ.①管理学—通俗读物 Ⅳ.①C93-49
中国版本图书馆CIP数据核字（2015）第108779号

Authorized translation from the English language edition, entitled THE 5 CHOICES: THE PATH TO EXTRAORDINARY PRODUCTIVITY, 9781476711713, copyright © 2014 by Franklin Covey Co.
All rights reserved, including the right to reproduce this book or portions thereof in any form whatsoever. For information address Simon & Schuster Subsidiary Rights Department, 1230 Avenue of the Americas, New York, NY 10020.
Simplified Chinese translation copyright © 2015 by China Youth Press.

激发个人效能的五个选择

作　　者：〔美〕科丽·科歌昂　亚当·美林　莱娜·林内
译　　者：纪沅坤　刘白玉　孙明玉
责任编辑：胡莉萍
美术编辑：张燕楠　李　甦
出　　版：中国青年出版社
发　　行：北京中青文文化传媒有限公司
电　　话：010-65511270/65516873
公司网址：www.cyb.com.cn
购书网址：zqwts.tmall.com
印　　刷：河北华商印刷有限公司
版　　次：2015年6月第1版
印　　次：2022年9月第4次印刷
开　　本：880×1230　　1/32
字　　数：150千字
印　　张：7
京权图字：01-2014-8275
书　　号：ISBN 978-7-5153-3222-2
定　　价：29.00元

谨以此书

献给史蒂芬·R.柯维博士

The 5 Choices

目 录

令人焦头烂额的现代生活

　　飞机开始上下震动时，亚旺从睡梦中睁开了双眼。他看了看四周，意识到这是飞机遇到了气流……然后，他又熟睡了过去。

　　离飞机着陆还有一个小时，他一直努力想保持头脑清醒，以便继续他的工作，却时而打盹，时而醒来。"我就不应该乘坐这班飞机，"他心里愤愤地说道，"我应该和卡丽莎一起待在家里。"几个月前，他们刚刚结婚，正准备搬家，这次出行根本不在计划之内。

　　时候真是不巧：为搬家，卡丽莎向公司请了假，他也一天到晚为此忙个不停，但恰在此时，他公司的一个大客户需要紧急技术支持，而他则是公司里最合适的人选。"至少现在没有人给我发短信，"他嘟囔道，"这是乘坐红眼班机的优点之一。"

　　他蜷缩在拥挤的、闷热的中间座位上，回想了最近一周发生的事情——危机一个接着一个。他在一个规模很小但发展很快的软件开发公司工作，公司属于行业领先者之一，他的日程安排特别满。最近他又被指派为某团队小组的组长，承担的责任更大了，需要管理的人也更多了，不是销售部有问题，就是开发部出状况，他不得不做出很多决定！他的电子邮箱、即时通讯系统、手机短信都有一堆问题等着他回复，而这些问题似乎只有他自己能够解决。生活就像这个中间的座位——拥挤不堪，而且情况变得越来越糟糕。

两年之前接受这个工作时，他对公司及其前景充满了期待。公司的软件产品很时髦，所编程序也是他喜欢的。女友卡丽莎和他都对自己的工作比较满意，他们开始构想找个地方安顿下来，过上真正的家庭生活。"但根据目前的情况，"他想，"我们没有足够的时间在一起，根本无法组建一个家庭。"

卡丽莎的工作也特别忙。她做服装零售生意，负责几个精品服装店。服装店营业时间长，所以她常常早出晚归，有时候即便回到家，还得忙于工作，譬如有员工打电话来请病假，她就要及时安排其他人员替班，甚或自己亲自检查库存，等等。

当这些事情一股脑儿地涌入亚旺大脑时，他感到从未有过的失望！"这种状况何时才能结束？"他焦虑地想。

这些情况听起来熟悉吗？

尽管跟你的生活不完全匹配，但我们猜想，有些听起来是真实的。

当你拿起这本书时，也许是出于以下原因之一。

1. **你在寻找一些新的观点，让自己更高效。**你实际上已经做得很好，只是想做得更好。你想更好地管理你的时间，想每天收获的更多一些，比如，在你的职业生涯中进步得更快一些，花更多的时间和你认为更重要的人在一起，或者实现更大的人生目标。

2. **你每天都忙得焦头烂额，需要一些实实在在的帮助。**你可能正与亚旺有着同样的遭遇——每天都有成堆事情等着你做，每天都要满足各种各样的需求、做各种各样的决定，疲于奔命。你可能感到生活和工作失衡，几乎没有留给自己的时间。你可能感觉健康每况愈下，和亲人的关系也越来越疏远，你最主要的目标让位于繁忙的日常工作。你知道，如果不做出改变，总有一天你会爆发。

如果你处于这两种情况之一，或者类似的其他情况，无须惊慌，你绝非孤军奋战，据我们了解，越来越多的人感到，在生活和工作中，根本无法完成自己想要做的事情。他们看到事情有完成的可能性，但又感到事情太多，令他们疲于应付；他们都努力地想获得进步，但又害怕被别人落下。对有些人来说，做得越多，事情就越多，似乎永远都忙不完，任务、项目、义务、责任，没完没了。对有些人来讲，烦琐的事情像一座大山，压得他们喘不过气来，甚至要将他们活埋。

我们写作这本书，就是为了让你从沉重的压力大山中走出来，呼吸一下新鲜空气，重新规划你的人生。我们将提供给你一些原则、流程和方法，帮助你改变固有的工作和生活方式，找到克服一天到晚没完没了做事的方法。这不是立竿见影的神奇公式，需要花一些时间，做一些工作，但每一章都列出了你可以立刻采取的简单而重要的行动，这对你的生活会有极大的正面影响。

请循序渐进地阅读此书，一步一步地改变自己的工作和生活方式，你就再也不会焦头烂额，而会用更富有成效、更令人满意的方法做事。你会非常清楚地专注于重要的事情，在每天结束的时候，真正地感到这一天过得有滋有味。

高效悖论

今天完成伟大的事情比人类历史上任何时期都容易，一个主要的原因是现在人们有了更先进的技术，从而效率更高。

今天的技术能够让一个孟加拉国的小孩儿跟世界上最好的老师学习代数，能够让千里之遥的人们立刻看到对方的脸，进行实时合作。我们可以进入世界上最伟大的图书馆，可以把自己的想法瞬间传递给全世界的人。现代技术能够让人们进行先进的医疗实践，解码人类基因，推翻政府，披露国家机密，揭露腐败分子，等等。

随着互联性、处理能力、能够测量一切（从皮肤温度到血液流动）的佩戴技术的进步，我们生活及思考的方式与我们使用的技术相互作用，二者在每一天的工作和生活中都密不可分，这场革命才刚刚开始。

但自相矛盾的是，这些技术也让我们比以前任何时候都难以完成对我们来说非常重要的事情。

高效悖论

在当今社会，在生活中达到高效并感到有成就感，比以往任何时候都变得更简单，同时也变得更困难。

伴随当今技术产生的海量信息同时带给了我们很多任务，对我们提出了很多要求，但最终，这些信息可能都无关紧要。技术让世界上任何地方的任何人，只要他喜欢，都能够用电子邮件将一些东西发送给我们，要求我们回复，有时候甚至是回复一个"不"也行。我们被这些无法阻止的信息潮流所淹没，它们消耗了我们本来可以用于有价值的事情上的精力。在很多情况下，我们不得不对成功重新定义：仅仅把事情做完，而不是集中精力做重要的事情，或者我们认为有价值的事情。

技术导致的信息泛滥，加上生活的快节奏化，令很多人感到前所未有的不堪重负。他们一天到晚地忙于做事，却又没有能力将这么多事做完。他们感到焦虑不安，工作时有压力，不工作时仍有压力。这种瞬时产生的焦躁心态渗入我们的文化，侵蚀我们的信心和快乐。这种高效做事却没有做重要事情的矛盾是当前人们普遍付出的代价，如果人们不知道如何克服这个矛盾，并将其转化为优势，就将付出更大的代价。

解决高效悖论面临三个重要的挑战。

挑战之一：我们做出的决定比以前任何时候都多

20世纪早期，工业化进程加快，由于大量使用自动化劳动，生产效率大幅提高。在产品组装线上，大任务被分成人人都能做的重复性的小任务，结果，企业和国家都能较大规模地生产产品，这种生产能力的大幅提高造就了20世纪的伟大财富。

但是，到了21世纪的今天，创造价值的方式发生了变化：从要求将物品组装在一起的**体力劳动**转变为设计、建造、营销、销售复杂服务、工艺及产品（像软件及高端医疗服务）的**创新性脑力劳动**。今天的经济价值已经从需要很少做决定（低频率决定）的双手工作转变为需要做很多决定（高频率决定）的大脑工作。

高效率面临的挑战是需要做出决定的事情几乎应接不暇。大多数人尽职尽责、工作努力，往往以线性的方式做出决定，即按照事情的发展，需要做决定时，他们便做出决定，并且尽量快，

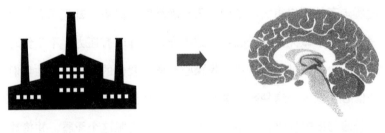

20世纪的价值　　　　　　　　**21世纪的价值**

尽量好，然后迎接下一个决定，就像产品组装线一样。

问题是，有价值的决定并不是按照可预测的顺序做出来的，而属于非线性机会。没有意识到这一点，我们就可能完全失去做出有价值决定的机会，或者匆匆忙忙地做出一个毫无价值的决定。在非线性的社会采用线性方法是失败的处方，只顾低头拉车，只顾简单快速地做出决策，在当今社会无法创造高效率，无法过上非凡的生活。当今社会需要你停下脚步，对扑面而来的各种选择进行要事排序，对确实会影响结果的事情做出英明决策。

《哈佛商业评论》杂志引用了一个实证研究，在不需要做出很多决定的不太复杂的工作中（譬如快餐店的工人），优秀员工的工作效率是较差员工效率的3倍。在中等复杂的工作中（譬如高科技工厂的生产工人），优秀员工的工作效率是较差员工效率的12倍，而在非常复杂的工作中（譬如软件工程师或投资银行的合伙人），做出正确的决策至关重要，优秀员工的工作效率和较差员工的相

不太复杂的
工作
3倍

中等复杂的
工作
12倍

非常复杂的
工作
无法测量

比，差距堪称巨大，巨大到无法测量的程度。

想一想你自己的工作。它是否足够复杂？是否在有些领域，正确的决定会对结果产生巨大影响？你是否能够采用一个高效的方法，花费合适的时间和精力，做出正确的决定？

挑战之二：我们的注意力处于前所未有的被入侵状态

如果做决定是唯一的工作，我们可能很容易解决这个问题，但它往往还伴随着第二个重要的挑战：在努力做出各种决定时，我们的注意力处于前所未有的被入侵状态。所有的哗哗声、嗡嗡声和各种广告纷纷涌入我们的大脑，影响我们的注意力，结果是我们根本无法集中精力做重要的事情。

你自己拥有的技术也会成为"敌人的战区"，如果你用谷歌上网搜索重要的信息，45分钟后，就会发现自己在看一个不相干的视频，或者在读一些对你来说毫无价值的信息。倘若不下意识地加以克服，你会发现你的注意力非常容易被入侵。

在探索"人们的注意力很容易分散"这一主题方面，营销界做得非常成功。想一想美国橄榄球超级杯大赛或者世界杯足球赛的情景，广告商花费成千上万的美元和成千上万小时制作广告，就是为了在短短的30秒广告时间内吸引你的注意力。同样的道理，每天在线营销商花费大量时间在你上网时弹出广告，晃动着诱人的"舞姿"，发出各种奇怪的声音，目的只有一个——吸引你的注意力，让你产生兴趣，从而购买他们的产品。我们无处不在的媒体生态系统，从新闻到广告，到收音机播放的节目，从本质上讲，发起的就是针对你最有价值的心智资源——注意力的一场战争。这场战争由美元、欧元或者日元所驱动，收益非常高。广告商有很多激励措施来想方设法抓住你的注意力，哪怕只有短短几秒钟时间。

然而，无论是对个人还是组织而言，长时间地集中注意力关注某一件事非常不容易，即使从语言角度出发，注意力也需要很多词汇才能解释清楚。当说到专注于某事，我们马上会意识到，集中注意力需要付出代价，需要精力的投资，这不仅仅是个修辞方面的比喻，它也是生理学和神经科学，需要努力才能做到，因为你的大脑很容易被无关紧要的事情分散注意力。

也就是说，如果我们不小心，继续使用"自动驾驶仪"，就会从一个刺激的、分散注意力的信息转向另一个刺激的、分散注意力的信息，错过机会做那些对我们来说富有意义的事情——这些事情恰恰能使我们每天的生活、工作都杰出非凡。

挑战之三：我们正在遭受个人精力危机的痛苦

在你做出决定的过程中，在诸多事情分散你注意力的环境中，你是否发现自己很难集中精力专注于工作？你是否感到很多时候精力都不够用？你是否发现自己常常依赖咖啡或者功能饮料来提神，度过这艰难的一天？你是否发现在完成了一天或者一周的工作回到家中筋疲力尽，常常一头倒在沙发上昏昏入睡，而无力照顾自己所爱的家人？

高效的生活是有意识的生活，需要投入时间和精力。但是，今天的技术能够让所有信息顺畅地向我们扑来，我们根本无法阻挡。我们经常感到精疲力竭，处于精力危机之中，不能集中注意力清晰地思考，在当今这个知识时代，这是一个困扰我们的大问题。

精力管理不仅是体力管理（尽管这个也非常重要），它还指完成脑力劳动的原能量。再次强调一下，这不只是个修辞方面的比喻，它也是生理学和神经科学的现实。你的大脑需要营养才能正常运转，像葡萄糖和氧气，有很多要素影响你如何给大脑提供这些营养。而今，我们正常的工作环境对我们的大脑却相当不友好。正像大脑研究专家约翰·梅迪纳所说，今天这种小隔间、久坐的工作环境"几乎是完美的反大脑工作环境"。我们越来越在一个高强度、高耗神的气氛中工作，这的确是真的。

高效悖论的影响

高效悖论的三个根源——要做出没完没了的决定，要跟注意力分散进行一次又一次的战斗，要聚集起几乎消耗殆尽的个人精力，所有这些都会实实在在地影响你一天结束后的成就感，无论是在工作中、在家庭中，还是在社区中。

每天疲惫地回到家里，你都会有这种感觉：不确定是否完成了你应该做的事情，担心你没有完成的事情，害怕明天的工作。

当你从整体上审视人生时，就会有这种感觉：人生中很多有意义的事情被你忽视了，和亲人的关系越发疏远，你的才智没有开发出来，你感兴趣的事情没来得及做或者没能做好。当你思考自己的潜力和伟大的目标时，你会有高效悖论之感，会感到自己被各种任务和需求弄得疲惫不堪，无法集中精力做更重要的事情。

你的这些内心体验实际上是可以测量的。如果我们告诉你，在这个世界上，我们比以往任何时候都有更多机会做伟大的事情，而你的时间、注意力、精力的40%都用在了不重要的事情或无关紧要的活动上，你会做何感想？

富兰克林柯维公司对此开展了6年的研究，证实了这是真的，此研究基于来自非洲、亚太、欧洲、拉丁美洲、中东和北美的351613名受访者。在这个调查中，人们声明，60%的时间用在重要的事情上，40%的时间用在对自己或者公司没有价值的事情上。

认真思考一下，如果有人愉悦地答道："嘿，至少一多半的时间是用在重要的事情上。"你是不是也有同感？但是，设想一下，如果你的汽车只能工作一半的时间，你会怎么办？你会满意吗？你的电脑呢？你的手机呢？如果你家中的电灯只有一半的时间能够亮，你会怎么想？或者，你银行的存款或者你的投资只有一半能够产生回报，你会怎么想？如果在锦标赛中，你喜欢的球员只出场了一半，你会怎么想？你肯定不会接受这些情况，那么，为什么对你的时间就能如此大度呢？

从组织的角度看，这也就意味着组织支付员工的工资只有一

重要的事情=60%

不重要的事情=40%

半用于对组织有用的事情。如果你是领导，这也就意味着，你的团队只将一半的精力投向了实现公司目标的事情上。

让我们看一些数字。

我们假设，此刻，你公司的情况属于全球的平均水平，而你的团队每年每人工作2080小时，即每周工作40小时。如果你按照40%的标准测算，也就意味着你团队中的每个人每年用832个小时做一些无关紧要的事情。我们再进一步假设，你在一个500人的单位工作，每个人（包括高级员工和普通员工）的平均工资是每小时50美元，这就意味着每年浪费2000万美元。

按照我们的经验，这是当今组织（企业或政府）最大的隐性成本——人们将大量宝贵的时间、注意力和精力花在一些不会产生重要成果的事情上。

这不是数字游戏。想一想，员工工作时，半数的时间没有花在重要的事情上，而是疲于应付一些无关紧要的事情，这些事情分散了他们的注意力，消耗了他们的精力，令他们无暇去做本来应该完成的重要事情，这些员工的工作成本和精力成本都是相当大的。

这就是高效悖论的现实影响。这是一个我们比以前任何时候都有能力完成非凡事情的时代，但同时又比任何时候都难以实现这个目标。这影响了我们的工作，影响了我们与亲人的关系，影响了我们的满足感，影响了我们的成就感，甚至影响了我们的健康。

当然，我们并不是鼓动大家成为一个高效率的工厂，一天24小时不停止地工作。那是工业化时代，以机器为基础的思维方式，在当今世界根本行不通，也不可能，更没有效率。我们倡导的是，你将时间和精力用在对你来说都非常重要的事情上——在一天结束的时候，这些事情会给你带来满足感。哪怕你多花费一点儿时间和精力干这些重要的事情，结果也会令人振奋。如果我们把做重要事情和不重要事情的时间比率改为70∶30，甚至80∶20，那生活将发生多大的变化呀！它会对你产生如何不同的效果呀！

每天哪怕减少几件恼人的事情，转而去做最重要的事情，去关注你和亲人的关系，去做令你快乐、满足或有成就感的事情，那么，生活将有多大的不同呀！

如果你和我们一样相信，你最重要的资产就是生活，那么我们在生活上多花费一些时间和精力就非常有意义。

什么是非凡人生

使用"非凡"这个单词时，我们并不是指你本周五就世界和平进行谈判，下周一就获得了诺贝尔和平奖，我们指的是你用你独有的才智和精力，全身心地投入到应该做的事情上，圆满完成自己应该完成的工作，过上自己应该过的最好生活。总之一句话，做那些你感到很伟大的事情。

你可能想："这听起来当然很好，但在工作中我没有自由，我必须那么做。"回想一下上文中我们提到的快餐店工人，在头脑里勾勒一下这份工作，这是一份不太复杂的职业，描述具体详细，不需要做出决定，不需要专心致志，几乎无须脑力劳动。你可能争论说，这是世界上最简单的工作，根本不需要多少知识，它跟先前组装线上的活儿差不多。你说得对。

但是，即使在这样的环境下，仍然有人的工作效率是他人的3倍，这些人是如何做的呢？

我们的一位朋友在一家零售连锁店的三明治快餐店吃午饭，她本来只是期望吃一个三明治，却获得了意想不到的、令人难忘的服务！

进店点餐时，她就注意到了一个年轻服务员，身上刺着刺青——这种服务员在快餐店里司空见惯，然而，她发现这位服务员特别热心，特别专注。

当这位服务员制作三明治时，她仔细地观察他的一举一动：

他动作熟练，不仅过程带给人欢乐，而且细节完美到位——看他制作三明治，简直就像在看舞蹈家跳舞，或者艺术家表演。很明显，他全身心地投入到他的工作中，做出了最好的三明治。

当他将三明治递到她手中，并真诚地说了一句"谢谢你"时，她意识到，这位服务员不是将工作看作组装线上的工人在机械地干活，而是人类在有意识地制作一件艺术品——这是一位真正的艺术家。

平凡和非凡的区别是什么？

即使在管理严苛的环境下，仍然有人可以有意识地做决定：什么是他要做的最重要的事情，并且他能够影响、能够集中注意力和精力把这件事情做得最好。在这个原则下，要做得非凡，只需要做出一个基本的决定——全身心地投入工作中，结果就是工作的效率很高，过程很愉快，结果很值得，对他的服务对象影响特别大。

你什么时候才称得上非凡

将你的工作跟这个年轻人的工作做个比较，什么时候，你才感到像这个年轻的服务员一样，自己做的工作杰出非凡？你参与一个项目，什么情况才能说明你做得最好？你什么时候能够全身心地投入工作？当一天结束的时候，你什么时候上床才能感到富有成就感？

当你工作时，你的决定是什么？你的注意力如何？当有事情分散你的注意力时，你是否能立刻克服障碍，然后集中精力干该干的事情？你的精力是否够用？

通常，在一个较大的团队里问这些问题时，我们会发现，人们的眼睛里似乎有那么一点害怕："我做过这些事情吗？"

看到人们努力工作，获得巨大的成功时，我们常常赞叹不已。但是，人们常常忙于工作，应对各种任务，却没有时间停下来想想自己完成的工作多么富有意义。有那么一天，当人们意识到这一点时，他们便重温过去的时光，分享完成任务的快乐，周围充满了欢快的气氛。

可是，为什么要等到某一天的幡然醒悟，而不着眼当下呢？想象一下，如果在每一天结束时，你都能好好回顾一下这一天的成绩，都能感受那种完成重要事情的成就感，那生活该多么美好呀！

我们的许诺

写作本书的前提是每个人都有能力做非凡的工作。在每一天结束时，每个人都有潜力在上床时感到满意，感到有成就感。

但是，要做到这一点，你需要应对构成高效悖论的三个挑战，在这三个领域提升你的能力：

- 决策管理
- 注意力管理
- 精力管理

好消息是你有《激发个人效能的五个选择》这本书，按照书中的方法持之以恒地做下去，你就能实现这个目标。里面有关提高人类效率的原则，是从我们和其他研究人员在富兰克林柯维公司30年的教学经验中提炼出来的，曾应用于世界各地的许许多多机构和千千万万个情景，同时，此书吸收了头脑科学、生物学、技术学和行为心理学的最新成果，它们也都经过了成千上万次的实践检验，被证明是行之有效的。

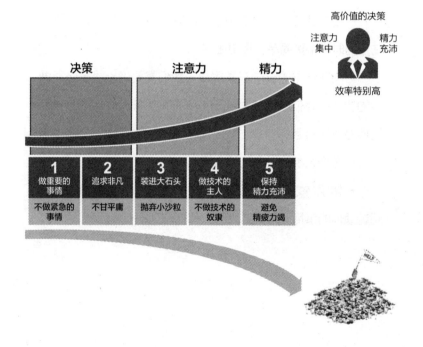

另一个选择是放弃学习有关决策、注意力和精力的新知识，继续被扑面而来的各种任务和要求弄得焦头烂额，将40%的时间

和精力浪费在无关紧要的事情上；让生活驾驭你，而不是你驾驭生活；在结束每日工作上床时，忽略富有成就感的条件和心情。

最终，你的生活和工作质量下降，感受不到只有你能够做出的独特贡献所带来的满足感。

小　结

• 当今社会，在生活中达到高效并感到有成就感，比以往任何时候都更简单，也更困难。

• 高效悖论的三个基本挑战：我们需要做出很多必须做出的决策，我们的注意力位于前所未有的被入侵状态，我们的精力消耗殆尽。

• 每个人都能做非凡的事情。

• 如果持之以恒地按照书中的原则去做，你能够让自己超越烦琐的事情，每天结束时，都能感到很有成就感。

The
5
Choices
决策管理

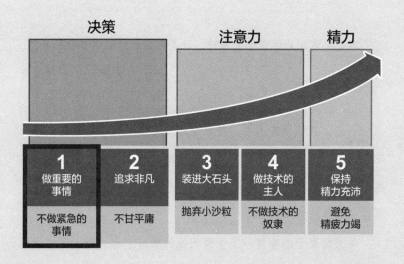

选择一

做重要的事情，不做紧急的事情

不是有意识地做重要的事情，就是无意识地做不重要的事情。

——史蒂芬·R.柯维博士

早上，基娃躺在床上，努力地想赶走蒙蒙眬眬的睡意，昨晚睡太晚了，似乎才刚闭眼，闹钟便惊醒了她。她明白应该起床晨练了，昨晚上床之前，她还下载了最新版的"活力瑜伽应用锻炼"项目。她用劲关掉了闹钟。

今天需要干的事情一下子涌入她的脑海：有一个大项目临近最后期限，还有无数小事情需要立刻着手。她焦虑又着急地拿起手机，查看项目团队成员发来的电子邮件。

"紧急！""关键数据！""需要你今天评估并做出决定！"

自昨天晚上关掉手机到今天早上打开手机，整整来了30封电子邮件！有非常重要的，需要她仔细阅读，有一些是垃圾邮件，她立刻删除了，还有一些分类不是很清楚，她就快速浏览一下，看看是否需要回复。不知不觉地，她已经花了45分钟检查邮件，还没有下床。

"哎，又不能晨练了。"她只好放弃练习瑜伽，同时，她意识到，再不赶快行动，她上班就要迟到了。

她匆匆忙忙地冲了澡，简简单单地化个妆，瞅瞅壁橱里哪件外套褶子少些，拿出来快速穿上，收拾妥当后给室友写了张字条，请她将垃圾扔掉，并在回家的路上买杯咖啡，然后她走向了门口。

10分钟后，她在火车站旁边的一个小面包店买了一个面包圈和一杯拿铁咖啡（面包圈要是双层或者三层的就好了），刚踏上车板，火车就开了。她环顾四周，发现一个男人旁边有一个空座位，这个男人看起来很轻松的样子。她耸耸肩，走过去坐下来，从包里拿出了平板电脑。

今天要开一个重要的会议，她需要收集一些数据。她本来计划昨天做的，但卡尔临时给她安排了另一项活儿，美其名曰也很重要。卡尔是个令人讨厌的家伙，每到关键时刻就找她麻烦。也许他有一个雷达测试器，一到她有事就启动。喔！上周他竟然邀她出去。不是开玩笑吧？我哪里有时间！对不起了，卡尔。

她快速浏览了一下报表，发现忘了从凯莉那里要一些关键数据了，她立刻给凯莉发短信："九点之前，我需要库存数据报告，你能完成吗？"几秒钟后，凯莉回复短信："我正在做呢。"

"太好了！"她想，"凯莉反应灵敏，效率很高。我很高兴她在我们团队，关键时候，我总能指望上她。"

当她快速地浏览那些报告时，旁边的那个男人看了她一眼，那眼神既困惑又不安。"嗯，"她想，"也许他没有一份正式工作，也许他是一个兼职艺人什么的，但肯定没有重要的事情要做。"她更加认真地看报告了。

在车上的20分钟里，基娃很庆幸自己好好地利用了这上班途中的宝贵时间：她得到了凯莉的电子数据，给团队的同事发了十多封邮件，让他们知道自己非常关注这次会议，并已经收集到了所有关键数据。

这一天跟其他日子一样——一个会议接着一个会议，一个决定跟着一个决定。项目的完成跟原先计划的时间基本一致，大家都在尽最大努力做事，只有一个供应商永远在关键时候掉链子，并总是开口要更多的钱，"我们都知道，网络组件就是很大，对吧？"

如果她无须花这么多时间处理公司报告和内部关系该多好呀！现在同时进行着好几个项目，每个人都在同一时间需要相同的资源。今天下午，某个项目这周所需要的编程资源突然转到了另一个项目，她花了一个半小时重新调整，以保证资源顺利到位。发生这种事，真是奇怪！

晚上七点钟，就在关掉手提电脑时，她仍然有几个电子邮件要发送（感谢上帝，一会儿就坐上回家的火车了）。她抬头瞥了一眼卡尔，悄悄地从他身后溜出了办公室。她走出办公楼，深深地吸了一口夜晚的清新空气。啊哈，如果幸运，她能够及时回家，点上一个外卖（日本菜？意大利菜？韩国菜），看上几集她喜欢的在线电视连续剧。

让我们好好地看一下基娃的生活，她是否真的如她想的那样高效？

好好想一想。

她在做重要的事情，甚至是关键的事情。她利用所有时间把事情完成，有很多电子设施帮助自己与其他人沟通。人们随时能联系到她，她一直在线上。她按照计划推动事情发展，并在截止期限内完成任务。

所以，她就是高效能人士？

这个问题的回答根植于识别力原则，即判断力。判断力原则是有效决策管理的核心，是我们如何使用大脑的关键。

我们是如何使用大脑的

在知识世界，人们给予创造价值的思考者、创新者和发明者很高的报酬，而创造价值的最主要工具是大脑。在我们深入讨论主题之前，先了解一下我们的大脑是如何工作的。

不要担心，我们不会探讨先进的心理学和脑化学，而只是简单地讨论一下我们大脑的两个基本部分：反应型部分和思考型部分。

反应型部分位于大脑的下半部，它是"战斗或者逃跑"反应的源泉，也是处理感觉或者感情的地方。关键的是，正像我们一会儿将学到的，它也是大脑处理快乐和享受快乐的地方，这些处理过程绝大多数是在我们不知不觉中自动发生的。同样的，反应型部分也是获取根深蒂固习惯的地方，我们坚定地将思考和行为模式放在那里，以至于它们都成为无意识的自动模式——正像我们一边开车，一边想其他事情一样。

科学家们表明，早在史前，人类的反应型大脑部分就构建完成，以保证人们的生存。设想一下，一个史前石器时代的穴居人在深林里行走，突然迎面扑来一只剑齿虎，他的生存依赖于他的反应能力——不加思考的反应能力，快速逃走，否则，他就会成为老虎的午餐。

我们的思考型部分则位于大脑的上半部，是我们有意识、有目的地做出决策的地方，它经常被称为"执行功能部分"，因为在这里我们能有意识地修改和推翻来自反应型部分的很多冲动想法。在这里，我们是行动，而不是反应。在这里，我们以有意识的、思考的方式来关注某些事情。

由于反应型部分的反应根深蒂固，它们只需要很小的能量就起其作用。它们发生得很快，除非我们有意识地选择不同的行为路径，否则，反应型部分就将轻而易举占主导地位——从深思中分散我们的注意力，让我们对眼前的刺激快速做出反应。

我们见到的很多广告就是利用这一原理来吸引我们的反应型

大脑部分的——夸张的动作、意外的声音、性想象，等等。正像
一位研究专家所言："市场营销者的暗示非常清楚：快速让人们行
动起来，基本没有任何抵抗，集中精力走简易的体力和脑力路径，
这是消费者无意识使用产品的最佳途径。"按照这个观点，我们是
根据神经细胞花钱买东西的——营销者的目的就是抓住我们足够
的反应细胞，让我们掏出钱包！

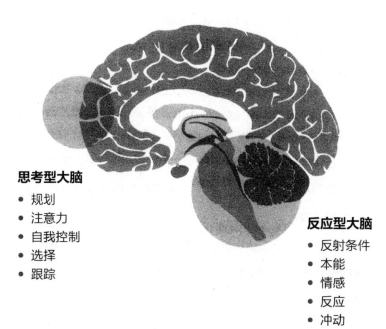

思考型大脑
- 规划
- 注意力
- 自我控制
- 选择
- 跟踪

反应型大脑
- 反射条件
- 本能
- 情感
- 反应
- 冲动

相反，思考型大脑反应花的时间更多，付出的努力更大，在
这里我们超越了最初的反应，管理我们的行为，更好地选择去做
什么事情。大脑的这个部分解释了我们人类为什么能够离开居住
的洞穴，创造文明和文化，我们对某件事情做出更深层次反应的

能力是人之所以为人的核心。

来自神经系统科学的好消息是，在实践中，我们可以对大脑"重新连线"，以便对要做出的选择多加深思，多加辨别，就是这种辨别能力决定了我们生活的质量，决定了欢乐和幸福的多少。

但是，这些跟基娃有何关系？

关于她工作效率是否高效的问题取决于更深层次的思考：她是如何使用大脑的。换句话说，在面对所有的压力、在各种需要她付出时间、注意力和精力的环境下，她是否有辨别地做出了深思的、高价值的选择，从而让她在一天结束时真正感到有成就感？

这个原则同样适用于我们所有人。为了实现生活和工作的真正高效，我们必须养成有意识、有目的做事的习惯。在今天这个社会，我们不能仅仅依靠"我的生活很忙"这个自动驾驶仪，就期待得到我们想要的结果。

为了做出高价值的选择，我们必须既有框架又有过程。富兰克林柯维公司的"时间矩阵模型"为我们提供了框架，"暂停—澄清—决定（PCD）"模式为我们提供了过程。

时间矩阵模型

富兰克林柯维公司的时间矩阵模型是帮助人们管理好时间的最有效模型之一，也代表了一种全新的思维方式。这个模型帮助我们培养辨别能力，以此决定在什么事情上值得花费时间、注意力和精力，做出更好的选择。

这个模型是根据紧急事情和重要事情的相互作用建立的，以下是我们对紧急事情和重要事情下的定义。

- **紧急事情**：感觉需要立刻做的事情，无论对结果是否产生影响。
- **重要事情**：有些事情，如果不做，会对结果产生严重影响。

时间矩阵模型表明，人们根据事情紧急和重要的程度，将自己的时间、注意力和精力分配在下面四个象限中。

重要的	**象限1 必须做的事情** 危机 紧急会议 期限的最后一分钟 迫切的问题 无法预见的事件	**象限2 非凡高效** 有前瞻性的工作 高目标 创造性思维 规划 预防 人际关系建立 学习革新
不重要的	**象限3 注意力分散** 不必要的打扰 不必要的报告 无关的会议 其他人的小问题 不重要的电子邮件、任务 不重要的电话及状态帖子，等等	**象限4 浪费** 琐碎的工作 可以避开的活动 过度休息 过度娱乐（过度看电视、上网、玩游戏） 浪费时间的事情 闲言碎语

紧急的 ←——————→ 不紧急的

象限1：必须做的事情

象限1里列出的事情是既紧急又重要的，包括危机（如生病了马上去看医生），紧急会议，期限的最后一分钟，迫切的问题和无法预见的事件。这些事情需要马上采取行动，不做，就会产生严重后果，所以我们称之为**"必要象限"**。这些必要的事情司空见惯——一个愤怒的客户打来电话，家人突然得了心脏病，电脑服务器坏了，你的老板马上要一样东西，或者来了一个转瞬即逝的好机会，等等。

在第一象限花费时间，你可能感到效率很高、受到激励，但如果耗费太多时间在这里，你也会筋疲力尽。将所有时间用在处理危机和迫切的问题上，会使你一直处于高度紧张的状态，从而耗尽你的思维力和创造力。尽管有必要做象限1范围内的事情，这一点我们也心知肚明，但这些工作无法让我们做到最好，无法全力发挥创造性，无法做出最高质量的成果。

种瓜得瓜，种豆得豆，这是投资的基本逻辑。从本质上讲，此象限只需要你均衡地使用你的注意力和精力，沉浸于此，你可能因为自己的英雄行为获得别人短期的关注，但从长久看，你不会获得最终成功。

象限3：注意力分散

象限3里列出的事情紧急，但不重要。因为紧急，所以看起来必须立刻着手，但如果你不做，也根本不会产生严重的后果。它们包括不必要的打扰，不必要的报告，无关的会议，其他人的小问题，不重要的电子邮件、任务，不重要的电话及状态帖子，等等。

大多数人花了很多时间处理象限3中的问题，自己却认为是在象限1中，实际上，他们只是对迎面而来的每个问题都做出反应，他们把动作和进步搞混了，把行动和成就搞混了。

在这里花费大量时间，我们可能很忙，但最终会一无是处。每天的日程排得满满的，列出一系列必须做的事项清单，并不代表你的生活就是充实的。忙忙碌碌是表层，但成果要看深层。象限3中的事情浪费了我们大量的注意力和精力，而这些注意力和精力本来可以用在重要的事情上，用在对我们每天的工作和生活产生积极影响的事情上。

从投资角度讲，你在象限3投资的时间、精力和产出不成比例，即投入多，产出少。在注意力和精力方面，属于负回报。

象限4：浪费

象限4里列出的事情既不紧急又不重要，我们称之为"浪费象限"。我们真的不应该走进这个区域，但由于我们在象限1和象限3里拼搏得精疲力竭，所以想到这个象限里逃避一下。这里是让我们的大脑彻底进入无意识的地方，让琐碎的工作、本应避开的活动、过度休息、过度看电视、上网、玩游戏、完全浪费时间的事情和闲言碎语充斥我们的大脑，占满我们的时间。

象限4中的事情是走向极端的事情，譬如，适当的休息和恢复性的休闲很重要，但这是属于象限2内的事情（下文中我们将讨论这个象限），如果在周末，我们穿着睡衣，手里拿着遥控器，连续看上十多个小时的重播电视剧，还是满不在乎，那么，我们就应该明白，我们已经从有效的休闲走进了黑暗的区域——象限4。

在象限4中花费大量时间，我们会感到昏昏沉沉、漫无目的。在这里待得越久，我们越感觉沮丧，甚至失望，因为知道本来可以将这些时间花在更重要的事情上，现在却没有精力去做，所以还会平添内疚之情。尽管在某些活动中，我们会得到短暂的快乐，但它们的确没有任何能量，无法给我们的生活、我们与亲人的关系、我们的自我价值提供任何营养。也就是说，你在这里投入的时间及精力是零回报。

象限2：非凡高效

象限2里列出的事情不紧急但很重要，这是非凡高效的象限，因为在这里你完全掌控自己的生活，你做的事情对你的成就和结果会产生重要影响。在象限2中的事情包括有前瞻性的工作、高目标、创造性思维、规划、预防、人际关系建立、学习和革新。不像其他象限，在这里，你必须有意识地加以选择，从而做重要的事情。你必须动用思考型大脑，辨别出那些高价值的事情，然后行动起来。

也许有人会说："象限2是一个美好的、理想的空间，但对我来说，却不符合实际，我根本没有时间做象限2中的事情。"

果真如此吗？

事实是，如果你想做伟大的事情，你想每天都做出最大的贡献，就不能没有时间去做象限2的事情。承认这点并不容易，它需要花费精力，需要做出深思熟虑的决定，并可能要求你打破常规，打破反直觉的社交思维，然而，这个努力会带来可观的回报。

花在象限2中的时间降低了象限1里的危机和问题程度，因为你会有意识地花时间规划、准备和预防。在象限2中花时间，你的人际关系会更健康，因为你在出现问题和危机前就将它们解决掉了。在工作中，你会更有信心、更有效率，因为你不会等到最后一分钟再去做关键事情。你会降低压力感，因为你有意识地降低了你花在其他三个象限里的时间。从长期来看，你会提高高效做事的能力，因为你关注自己的身体和精神，天天保证身体健康，精神愉快。最重要的是，你清楚你每天都在重要事情上取得进步，这些事情对你的生活和工作产生重要影响。只有在象限2里，你才会发现最深思熟虑的、最富有创造性的、最具前瞻性的活动，而这些能够改变你的生活和工作规则。

总之，你在象限2里投入的时间及精力会产生更高的回报，有时候甚至是几何式的高回报，所以，我们称之为非凡高效象限。

时间矩阵模型的回报率

在前言中，我们提到了一个花6年时间调查人们如何花费时间的全球问卷研究，以下是时间矩阵模型中4个象限的数据。

51.2%的时间花在
紧急事情上

30.8%的时间花在
重要事情上

41.5%的时间花在
不重要的事情上

如果这是你人生的时间和精力投资组合图，你希望怎么投资？如果你将象限2里投入的时间哪怕提高几个百分点，结果会发生多大的变化呀！

认真地分析一下，记住模型里的投资比喻："目前，我的投资回报是多少？"

- 象限 1 = 投资回报相等
- 象限 3 = 负回报
- 象限 4 = 零回报
- 象限 2 = 几何式高回报

实现非凡高效的关键是有意识地利用时间矩阵模型的框架来评估你的生活如何运行。这是一个投资项目，分配你的时间、注意力和精力，你的报酬会是什么呢（见下页图）？

我们再回顾一下基娃，如果她正忙于工作，这时接到一个电话，说她的弟弟刚刚遇到了严重的车祸，要她立刻去医院。这件事既紧急又重要，需要立刻做，如果不做，就可能产生严重的后果。对她来讲，这就是象限1的事情。她放下手中的活儿，立刻赶往医院照顾弟弟。

相反，如果基娃正忙于工作，这时她的电脑响起铃声，有人给她电邮了一个笑话，看起来很急，因为它响着铃，似乎需要立刻回复，但这不重要，因为她不做也不会产生严重的后果，所以这是象限3中的事情。基娃喜欢笑话，如果她不注意克制自己，就可能无意地将注意力转向这封电子邮件。但是，如果她利用时间矩阵来加以辨别，就会意识到她目前做的事情远远重要于回复这封电子邮件，她应当继续留在象限2中，专心于手头的项目。

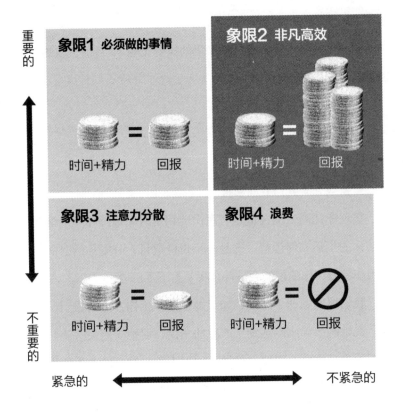

利用时间矩阵图有意识地、警觉地做出决定会对每一天都产生巨大影响，在时间、注意力和精力方面的投入，会产生更大的回报。

真正的现实

现在，你可能说："这很好，非常好，但读这篇文章的人应该是我的老板！如果我说了算，我肯定一直待在象限2里，但问题是，我的工作由不得我做主。如果我不立刻回应我的老板或其他领导，我可能就被解雇了。你说，我应该在哪个象限？我的工作是被急事催着的，就这么回事。"

大多数人都曾体验过这种被急事催促的无奈感，我们也认同你的老板和工作环境在很大程度上决定你如何利用时间，但既然我们要正视现实，就必须正视真正的现实。真正的现实是，你自己做了很多事情让自己停留于象限3或者象限1中，甚至象限4中——这跟其他人没有关系。我们的研究和经历表明，即使是必须遵守严格制度的人，即使是在紧急部门工作的人，譬如医院急诊室或顾客服务中心，也能够采取非凡的措施，科学分配时间、注意力和精力，去做象限2里的事情。

你可能永远无法改变你的老板，但你能够改变自己。如果你的工作和生活本身井井有条，你就可能影响你的老板。即使影响不到你的老板，你花在象限2里的时间越长，取得的成果也越多。

我们再回顾一下我们强加给自己的事情，这些事情让我们无法做象限2的事情，而要做重要的事情，就必须再好好地研究一下我们的大脑。

急事上瘾

上文中我们谈到，大脑有两个基本部分组成：思考型部分和反应型部分，反应型大脑部分是我们感受战斗、逃跑或者快乐的地方，而大脑的快乐线路图对我们趋向于寻求紧急的事情，甚至是对紧急上瘾至关重要。

大多数上瘾的东西都作用于大脑的同一个基本神经传递素：多巴胺。例如，可卡因通过摄取并较长时间保存大脑里的多巴胺来产生不寻常的快感，使大脑无法达到正常的自然平衡或者自我调整。

正常情况下，多巴胺是一种非常好的化学物质，它让我们感受生活的自然快感。它提供给我们工作和生活的能量，帮助我们集中注意力于重要的事情上。当我们做伟大的事情、完成重要的事情或者在生活中取得进步时，多巴胺浓度就上升。但是，由于多巴胺产生快感，这也是我们大脑所喜欢的，所以我们可能开始寻求仅仅会产生快感的事情，不管这些事情是否有用，是否有意义。

例如，有时候我们可能为某种工作创造一种假紧急的现象，尽全力完成，将其认真地写进任务完成单，最后感受完成任务的成就感。但是，我们是否认真思考过：这项工作真的需要做吗？你是否将某个自己已经完成的任务重复写进清单？（诚实一些，这就是那个你寻找的多巴胺症！）

急事上瘾的依据是，我们喜欢快速做事并将其写进任务完成清单的快感，所以常常无意识地寻找能够快速完成的事情，即使它们无关紧要。有时候，如果不着急做事或者无事可做，我们就会感到不舒服或者紧张不安，甚至渴望生活一直忙碌，到达没有时间停顿或者思考的程度。

这就是象限3的情境，你受多巴胺的刺激，花费时间做了一些毫无价值的事情。在当今知识世界，生活规则是高价值决策，而象限3就不是一个好现象。

就像所有成瘾症一样，急事成瘾会让你觉得当下是不错的，但当我们退一步，回看自己已经做过的事情，我们感觉更糟糕。有时候，我们依靠无谓的忙碌来避免这样的意识，这样一来，我们就可以不理会正在做的事情是否值得，逃避正面面对如何花费时间、注意力和精力的现实。

著名作家布兰迪·布朗曾经说过："我们的文化是人们认为，如果我们不够忙碌，就无法发掘生活的真谛。"哎呀！

忙碌文化

更可怕的是，忙碌成为人们衡量自己价值的社交符号及心理象征。你走向正在工作的人，问他们忙不忙，大多数情况下，他们会说："我特别忙，你呢？"你的回答也常常是："哎呀，我都快忙死了。"然后，你们点点头，以示相互理解，完成了我们文化认可的礼仪：忙碌意味着实现了我们的工作价值，实现了我们作为人的价值。

其中的含义是，如果你很忙，那就意味着有人需要你，因此你就一定有价值。你越忙，说明需要你的人越多，这就像21世纪存在主义的声明："我忙，故我在。"有人曾经问过我们："如果不忙，我活着还有什么意义？"这的确是一个好问题。

如果在一个组织里大家都这么做的话，那么我们就创造了一种忙碌和紧急的文化，而不是成就和高效的文化，我们就形成了一种思维：每件事情都必须现在做，但事实并非如此。

忙碌的价值

我们并不是说忙碌是坏事。象限2是一个非常忙碌的地方，里面充满了激动人心、影响深远、富有价值的工作。忙着做伟大的事情不仅不是问题，而且是富有意义的快乐生活，问题是忙碌成为生活的目标，而不是人生的成就。

我们大脑中快乐中心的自然作用是，当我们高效地做有用之事时，我们会得到回报，这就是它存在的原因。但是，只有在思考型大脑部分有意识的正确指挥下，它们才能发挥应有的作用。也就是说，是思考型大脑部分帮助我们识别那些值得花注意力和精力的事情，如果不利用这部分大脑做出明智的选择，那么反应型部分就会带领我们进入毫无价值的区域，甚至损害我们的生活。

依靠反应型大脑生活，我们所做之事就远离高效、高回报的象限2，而进入低效、低回报的象限1、3和4。

进入象限1和象限3的原因

生活对我们的影响是如果我们对急事上瘾，就会不知不觉地滑入象限1和象限3，原因如下。

- 当我们说"在压力下，我尽力了"时。

在这里，你实际上是在说，我们需要急事的刺激来集中注意力，因为我们自己无法做到，这种思维方式让我们依赖外部压力来产生应该由内部动机产生的动力，从而被引入一个错误的危机模式：外部压力确定一个最后期限，逼迫我们获得刺激大脑的化学物质多巴胺，而后行动起来。

持有这个观念的结果就是在压力下我们很少会做得最好。我们可能努力工作，可能完成任务，但质量呢？在现实中，当最后期限越来越近时，达到非凡成果所要求的高质量常常是不可能的。我们的替代方案是学会有意识地集中时间完成到期的事情，这种意识是内生的、自发的，同时，留出足够的时间做伟大的工作。

好好想一想，你是否经常听到自己说"在压力下，我尽力了"？你为什么要这么说？对于你的生活和工作的质量而言，这么说的后果是什么？

- 当我们拖延时。

拖延是象限2时间的掠夺者，而且是我们常见的、自愿接受的掠夺者。我们拖延，有时候是因为无法自我激励，只能临近最后期限才行动，有时候是因为害怕失败，或者不确定如何进行下一步，只好等待更可怕的最后期限到来，或者其他可能出现的严重后果逼迫我们前进，甚至有时候，我们将重要的事情（譬如健康和锻炼）拖延几年，几十年，直到真正的危机到来，逼迫我们重新思考以前的做法是否合适。

如果你生活在美国，什么时候交税？也许你早就打算好，计划在2月15日就将有关文件发出去。这件事很重要，但不紧急，完全可以将它归于象限2，但调查数据表明，接近一半（41%）的纳税人在交税期限到来的前4周才开始报税，而其中27%的人在最后期限的前两周才开始报税，甚至有一些人直到最后期限4月14日的头天零点前，才到邮局排队交报税单。

选择拖延，你就把完全属于象限2中的事情推迟，直到它彻底变成象限1中的事情，你就是那个把象限1放大，造成不必要的压力和不眠之夜的人。

想想看，你是否常常推迟重要的事情直到最后一分钟才去做？这是有意识的选择还是无意识的逃避？它会对事情的结果产生怎样的影响？重新构建你的大脑，让象限2的事情获得高质量的结果，同时降低象限1里的工作数量和范围。

- **当我们成为提供方便者时。**

有时候，为了帮助他人，我们与之建立了顺从的不健康的人际关系，导致对方常常请我们做一些本来属于他们自己应该做的事情，迫使我们处于象限3的区域。

想象一下如下情境：某公司将一个新政策放到内部网络的共享上，鲍勃想查看一下，但不知道从哪里获得。他知道史蒂夫很聪明，就向史蒂夫求助，问他从哪里可以得到这个政策。史蒂夫本来可以直接说："在共享上。"但由于这事儿很容易做，他又补充道："我发到你电子邮箱吧。"鲍勃说："太好了！"便回到了办公室。在回去的路上，珍妮特拦住鲍勃，问他是否知道从哪里可以得到新政策。鲍勃对珍妮特说："当然知道，在共享上，但问史蒂夫要会更容易，他会发到你的电子邮箱里。"不久，只要是从共享上下载东西，办公室里的人都会去找史蒂夫。

时间短的话，史蒂夫会很高兴，因为这样做他会感到自己有用，有价值（多巴胺在起作用），但是，这样做的结果是他花费了大量时间做了很多本应该由他人自己完成的事情，更重要的是，这些时间本来应该用于他工作职责范围内更重要的事情。

在这里，我们不是说不应该帮助别人，或者成为团队的一员，但如果养成了顺从的习惯，你就是在培育依赖和脆弱。史蒂夫应该采取的正确方法是告诉鲍勃"新政策在共享上'政策和程序'文件夹中"，到此为止。如果鲍勃不太会使用共享，打不开文件，那么，史蒂夫应该说："让我告诉你怎么打开文件，下次你自己就会了。"采取这种工作方式，史蒂夫尽到了同事的责任，也让自己远离象限3。

好好想一想。你自己是否有过本来不应该却顺从别人的情况？你为什么这么做？你能否找到一个专业而又礼貌的方法，满足他人的需求？当你提供援助的时候，什么事情会从象限2走向象限1？

- **当我们害怕说"不"时。**

有时候我们止步于象限3和象限1，原因是我们很难对别人说出"不"字来，即使我们有充分的理由。也许是因为我们害怕看起来软弱或无能，或许是我们想去取悦别人，也可能是害怕被孤立，或者不想引起冲突，或者是缺乏跟别人沟通的能力，不管是什么原因，这些情感和感觉都来自反应型大脑部分。

你可能知道，那些害怕处理不好关系的人或者害怕发生冲突的人，对很多别人请求的事情都会同意。这对生活和工作中分心小的事情来说没有问题，但对影响重要事情的请求则一定要拒绝。那些特别想取悦别人的人或者害怕发生冲突的人会把自己误引入能完成一切事情的歧途，具有讽刺意义的是，这样做，可能导致更大的失望和更多的冲突。

更可怕的是，如果这种类型的人在领导管理岗位，他们会把整个团队带入费时不讨好的象限3区域，在这里消耗掉团队的大量时间，却收获不了任何重要的成果。

你可以很容易地说"不"，而不会被老板解雇，不会被他人列入不受欢迎的名单，同时又能将自己的事情做得井井有条。将你的日历牌整理得干干净净、随手可得，时常用它作为路线图，做出在哪里花时间和精力的决策。如果你认为必须对某些事情说"不"时，试着采用如下方法。

"我现在正忙着一件非常重要的事情，两个小时以后有时间，那个时候可以吗？或者再找个别的时间？"

"你知道我一直都愿意帮你的忙，但今天晚上我要和女/男朋友约会，都约好了，找个其他时间做这件事，好吗？"

"这个会议我发现我去不去都行，我能否不去？"

"能否确认一下我们的电子邮件和短信？我想知道半夜收到

电子邮件和短信时，他们有什么要求，明天早上我一起来就回复，可以吗？"

"我知道我以前在这些项目上帮过忙，但现在我可能不是最合适的人，另外我还有其他重要事情要做。是否有其他选择，我能否不做此项目？"

这些例子可能不完全符合你的风格或者情况，但你能够从其中的句型中获益匪浅，并放心使用。你甚至可以事先练习，以便在使用时更有信心。关键是，你必须有勇气、有礼貌、坚定地拒绝象限1和象限3里那些无关紧要的事情，这些事情会耗尽你的时间和精力，从而对结果产生重要影响。

让我们面对现实。有时候你必须去象限1或者象限3，因为这是老板让你做的事情。当你做这些事情时，你必须意识到，老板并不是每天早上醒来心血来潮，就让你做无关紧要的事情，他们也有工作压力。更可能的是，他们认为你是一个有能力的人，一个称职的员工，能够出色完成交代的任务。对你来说，这是件好事，值得肯定。当你以自信、专业和尊重的方式表明这个观点时，你在做事时仍然可以去掉或者调整一些象限1或者象限3里的事情。你这么做了，就是在帮助你的老板，让他们意识到自己在做什么，这些事情对最终结果是否有贡献，这么做的结果就是双赢。

好好想一想，具有正当理由时，你是否能坦然地说"不"？你是否为了避免冲突而让自己的生活和工作充满了象限1或者象限3里的事情，却没有时间和精力做重要的有意义的事情？

以上是人们让自己陷于象限1或者象限3区域的常见情境，请记住，无论是快乐、害怕、压力，还是避免矛盾，这些情感在我们的反应型大脑部分都有一个化学激励，除非我们有意识、有辨别力，否则就会趋向于走向那些短期化学激励的区域，而远离重要的、有意义的象限2。

象限2也有化学激励，它们恰巧是那些你必须选择的用于创造高价值成就和成果的事情。

按照我们的经验，象限3的事情恰巧是你重新分配你宝贵的时间、注意力和精力的最佳区域，可以将它们转化为象限2的事情。

好好想一想，从今天开始，你能够做一件什么事情来重新分配象限3的时间？

深陷象限4的缘由

做象限4事情的原因，经常与象限1和象限3的原因相反。我们有时总是在忙着紧急的事情，焦头烂额，不得不到象限4中休息一番再重新出发，即找一些简单的事情来刺激多巴胺，这不需要花费什么精力，但会暂时让我们感觉更好，于是在象限4里，我们做了一些消磨时间甚至极端的事情。

现在，应该清楚一点：精力得到真正恢复是很重要的，正如我们之前所说，这是属于象限2的重要活动，但使你重新振作的事情可能对别人未必有用。比如我们经常把很多事情当作浪费时间，比如电脑游戏、社交媒体、看电视等，但对一些人来说这些都是恢复精力的有效活动，因此，把它们混在一起，统称为浪费时间，是不准确的。

做某事的原因以及参与其中的时间长短，与所做的事情是一样重要的。如果一不小心，就会从象限2恢复精力的活动，不知不觉地陷入到象限4里。

一位女士连续几周在路上奔波，回到家中已是筋疲力尽。于是，周六早上，她睡了个懒觉，然后窝在沙发里看一个她喜欢的电视节目。通常，看一两集是很过瘾的，并能使人精神重新振作，但是，那一天，她发现自己呆坐在沙发里，一集接着一集看，却提不起一点精神来，而且忽略了身边重要的东西。宠物狗抬头盯着她，眼神似乎是在说："你为什么无视我？"这让她突然第一次意识到这一点。

她知道在她的人际关系中存在着不得不修复的问题，而且明白，曾经有一段时间，她确实困在了象限4里，这是有关生活平衡的一段痛苦的学习经历。

时间矩阵是你个人的问责系统，只有你能决定你在哪一个象限里，因为这些象限区域标签只取决于对你来说最重要的事情。那么，你如何意识到自己陷入了象限4中？关键是对于正在做的事情存在一个诚实可靠、有识别能力的自我对话，你可能会考虑这样的问题：

- 该活动真的会令人精力恢复吗？它是增加还是损耗我的精力？
- 我还未意识到花在该活动上的时间过长吗？

- 该活动是促进还是疏远了重要的人际关系?

- 我对该活动的投入过多吗?

- 在更重要的事情上花费时间,我需要付出怎样的代价?

进入象限2的关键技巧

进入象限2的关键是让大脑反应暂停一段时间,弄清楚在想什么,然后决定是否花费时间和精力来做,我们把这个重要的过程称为"暂停—澄清—决定(PCD)"模式。

当我们有意识地决定要做某一件事时,做出抉择的那一刻起,我们的行动力就在起着作用。运用PCD模式实际上意味着,需要短暂的瞬间来思考这样的一个问题:这件事情重要吗?这个简单的思考过程有助于得到我们想要的。

抉择时刻

它重要吗?
(暂停,澄清,决定)

　　这并不是大脑的自然反应。我们知道，大脑会对吸引它的事情做出立即的回应，而这也刺激了多巴胺的大量分泌。正是在行动之前的这种暂停行为，成就了人类所有的可能性。不然，我们仍会像原始人那样，缠着遮羞布到处乱跑，还得处处提防猛兽。

　　当然，不用担心！好消息是，你一直以来都是这么做的，比如，早上起床时决定吃什么早餐，走到十字路口时决定走哪条路。我们要做成千上万的决定，其中的许多决定帮助我们很好地熟悉了这一过程，使我们能自动地做出选择——是做这一件还是做另一件事情。这个技巧是把你在某些地方使用的能力运用到其他领域里，而对这些领域，你到目前为止可能还没有那么敏锐的辨别力。

　　在理解时间矩阵方面，有一个框架可以帮你确认某事是否重要。当事情发生时，你可以问问自己：这是在哪个象限里？然后，做出更好的决定。

　　要进一步澄清某一事情是在时间矩阵的何处，你可能要问自己或他人更多的问题，如：

- 这件事什么时候真的需要做？
- 这件事将如何影响我们正在做的项目？
- 要完成这件事还有别的办法吗？
- 相对于其他优先事情，这件事放在此处合适吗？

提出澄清的问题，开动思维大脑，提高辨别能力。

　　显然，当其他人和你一起参与时，这种PCD过程会更有效。如果你所在的整个机构都拥有良好的象限2文化——在承担责任或把责任交给你之前，人们就时常使用"暂停—澄清—决定"这一过程，那真是太好了！

如果所在的组织没有这种文化，你也可以与周围一起工作的同事，甚至你的家人，一起创建一个良好的象限2文化。

如何创建你专属的象限2文化

我们都处在特定的一个圈子里，正如下图所示——上面、下面或侧面，即使只有你和你的老板，或你和你的同事。

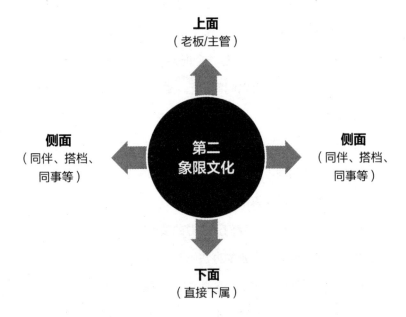

在你周围创建象限2文化，需要创建一组关系，在关系中分享一个框架（时间矩阵），并共享语言（象限1、象限2、象限3、象

限4，以及"暂停—澄清—决定"模式），这会使你能够质疑自己正在做的事情，并有意识地把注意力和精力集中在那些最富影响力的事情上，以下便是具体的操作步骤。

1. 分享时间矩阵。把你理解的时间矩阵模型说给周围人听。

坐下来为老板和同事们描述时间矩阵，讨论任务、项目或活动属于哪一象限，帮助人们意识到很多时间花在了不重要的事情上面，这种意识可是意义非凡啊！同时，教给他们"暂停—澄清—决定"这一过程。

2. 运用共同语。当你和他人在工作中运用时间矩阵模型时，一开始，会听到人们说这样的话："这是象限1吗？我需要立即做吗？""这是象限3吗？我们真的需要做这项工作吗？""我想我在象限4中，我可以做什么来改变？"以及"这是象限2优先所做的事情，所以需要在此花时间"。

共同语帮助人们判断在某项任务中所投入的精力，当看到人们通过电子邮件彼此交流时说"这是真正的象限1"，你就知道这种文化正在开始形成。

3. 同时运用"暂停—澄清—决定"模式。当你和别人一起试图做出决定时，请说"让我们暂停一会儿，弄清什么是最重要的，然后再决定专注于什么"。当你为了支持另外一件事而对某事说"不"时，这一模式让你的人际关系变得越来越融洽，并使你的组织文化更加和谐。

当与他人合作时，你不得不找出让你感到自然的方式来提问，这可能需要一些练习，却值得努力。

如果你是老板

如果你是团队的负责人，就有义务帮助大家把注意力放在最重要的事情上，这是你的工作。好消息是，你会对团队文化有强大的影响力，比如，在团队开会时，花点时间教授时间矩阵模型和"暂停—澄清—决定"模式，并给出一些示例阐明与团队相关的问题，你将为团队进入象限2打下良好的基础。

如果你要坚持到底，请允许人们质疑和重新规划正在做的事情，这样象限2文化会成为现实。不允许人们改变他们的关注点，就会引起失望和沮丧。更糟糕的是，如果你把象限1和象限3的紧急事情突然抛给大家，那么当你要求他们专注于你的目标时，就不要对他们的不以为然（不管实际上是否表现出来）感到惊讶。

作为一名领导，要为团队的文化承担起自己的责任。如果你真想进入象限2，这里有一些问题是你可能问自己的：

1. 每个人对团队目标和优先处理的事情清楚吗？

2. 是什么（缺乏计划、准备等）让大家陷入危机当中（象限1）？

3. 我在要求人们去做一些应该由别人做的事情吗（象限3）？

4. 是否有已经过时和不再必要的报告、流程或系统仍在占用人们的时间（象限4）？

5. 我是否创建了一个良好的环境，在这里，人们可以质疑和改变我们正在做的事情，以便更好地实现目标？

6. 在团队中，我是否鼓励人们在开始新项目或新任务之前暂停一下，搞清楚它们的价值和影响？

如果你不是老板

如果你不是团队负责人，也不要担心，你可以和共事的人，甚至和你的老板一起，创建一个象限2文化。请看下面的故事。

劳拉有一个难对付的老板，他不停地给她布置任务，直到最后，她忍无可忍。她意识到事情必须改变，否则要么离开公司，要么自己崩溃，或者两者都会发生！所以，她和老板坐下来，寻求他的帮助，把老板分配给她的所有工作，排出优先顺序，她建议使用时间矩阵模型来给工作分类。

当他们俩一起审查她的任务时，老板把所有任务都放在了象限1中，这意味着每项任务都重要，都必须立刻做！

但老板不是傻瓜，当看到列出的清单时，他意识到劳拉不能有效地完成他布置给她的每一项任务，因此，他们一起把任务分配到合适的象限，从而专注于象限2。

他们共同问了一些澄清类的问题，像："这项任务什么时候确实需要做？""这项活动对财务业绩的潜在影响是什么？""如果我们下个月再做这项工作会怎么样？"这样，劳拉和老板制订了一个更有效的工作计划。

事情并未到此为止，劳拉的老板开始在团队中推行这种模式。在短短几个月的时间里，他们采用了时间矩阵模型，以及帮助他们做出更好选择的共同语，取得了良好的效果。

虽然不同的人建立象限2文化所付出的努力是不同的，但我们的经验是，当人们从中受益时，他们便会欣然接受这一框架和共同语。

花时间和同事共同建立做重要事情的理念，会对你如何使用时间和精力的能力产生巨大影响。

回到基娃——她的工作富有成效吗

本章开头提到基娃的一天，问题出来了："她的工作富有成效吗？"

尽管我们只讨论了选择一，但是我们仍能很好地分析基娃这一天的部分活动，看看它们是否在象限2中，以此来观察象限2思维对改变她所提供的帮助。

- **早上的电子邮件**。没有按照原计划起床和锻炼身体，基娃翻了个身，抓起她的智能手机，处理前一晚的电子邮件，电邮的检查刺激了多巴胺的分泌，45分钟后，开始了她匆忙的一天，这一活动似乎更像象限3。

- **皱巴巴的衣服**。在最终的评价里，这可能是小事，对于她一天的工作质量来说，可能不是那么的重要，除非她要开一个大客户会议，但我们当中有多少人在早上承受过这不必要的压力？如果提前洗好和熨好衣服，就能让自己处在象限2中，相反，她却陷在象限1里，试图把衣服引起的压力降到最小。

- **匆忙的早餐**。虽然对我们许多人来说，常把一杯咖啡和一个面包圈当作早餐，但我们有更好的方式来管理一整天的身体和心情，这很重要，因为食物提供给我们做其他任何事情的能量，照顾好自己绝对是象限2的活动。

- **会议的数据**。虽然基娃本来打算在前一天把数据准备好，但是卡尔的一个紧急请求打乱了她的安排，因为我们不知道该请求是重要的，还是紧急的，因此，不知道基娃应该推迟，还是拒绝。这一章所讲的技巧可以帮助基娃把精力放在重要的事情上，而不是对紧急的事情做出反应。不管怎么说，她准备得不充分，结果，所需的信息变得既重要又紧急，以至于不得不向凯莉求助。幸运的是，这一次，凯莉及时提供了支持。

- **所谓的兼职艺人**。与忙碌的生活相比，基娃真的是碌碌无为吗？或是把一切安排得井井有条，因而能够在早上轻松地乘车上班？真是如此的话，她应当在象限2里，而她看上去像是在象限1里。

- **按时完成的项目**。这看上去好像是象限2中的事情，项目按时完成，人们似乎也做了需要做的工作。因为不知道更多的细节，我们只能做最好的假设。

- **让人头疼的供应商**。当然，有时候供应商的确不尽如人意，然而，如果采用象限2的方式解决，是否会改善这种关系呢？基娃的团队能不能提前了解Web组件，让供应商准备一个可靠的报价呢？能不能有某种沟通模式使项目进展得更加顺利呢？基娃的团队是不是仅仅对其他利益相关者做出反应，迎合每一个想法，而不顾这个想法是否会影响原来的供货范围和时间安排？

安排时间计划、准备、与重要供应商沟通并增进双方的关系，就能够尽可能地完成象限2中的活动。花时间提早处理这些事情，可以有效地防止它们在未来成为潜在的具有破坏性的象限1危机，而这些危机很可能危及基娃的项目。

- **公司报告、内部争斗和有限的资源。**这类事是所有机构组织的一部分。人们需要数据资料，并总有不同的需要和安排。获取所需的数据在多大程度上阻碍（而不是支持）需要做的重要工作，是衡量该企业文化在时间矩阵中所处何处的重要指标。如果它占用了很多人的时间，妨碍了人们做重要的工作，那么这种文化更可能是象限3而非象限2。

象限2文化允许人们对报告的必要性进行开放式的对话，并提供途径让人们讨论竞争性资源的必要性。在资源使用方面，基娃或许会这样开始她的谈话："我的需要很重要也很紧迫，如果我保证你下周能使用这些资源，那么我现在可以使用它们吗？"

- **回家的路上。**基娃离开办公室之后，在回家的路上做了什么，到家后，她吃了什么和做了什么，这些才真正是她个人的选择。她的活动可以出现在象限1、2、3或4中，问题的关键是，如果基娃回顾这晚过得如何，会觉得这天晚上的活动有助于她实现自己的最高目标，完成最重要的事情吗？对工作之外的生活，她会感到心满意足吗？如果是，那么她在象限2，如果不是，她可能要重新考虑生活的这些方面。

为了体验更好的结果，基娃不必追求完美或是达到一些高不可攀的高效率，她只需要改变一下自己的思路，每一次调整一两件事情。如果使用时间矩阵框架和"暂停—澄清—决定"模式使自己更有辨别能力，那么在不知不觉间，她就将更多的时间花在象限2里。

行动小贴士

开始时可以采用本章的原则和做法：做重要的事情，不做紧急的事情。以下是一些简单的方法，从中选出最适合你的。

• 制作一份时间矩阵表并把它贴在桌上或墙上，提醒你专注于象限2。

• 制作一张卡片，在卡片上画上七个格子标上一周的时间，每天至少一次有意识地运用"暂停—澄清—决定"模式。做完后，请在这天的格里标上对钩或是贴个小星星（会产生更多的多巴胺）。完成这张卡片时，犒劳一下自己，庆祝你的成功。

• 列出一些澄清类的问题清单，不管是问自己还是问他人，都会使你坦然处之，试着一边照镜子一边练习这些问题。

• 将下面的问题写在便签上，贴在电脑屏幕上："此时，我的收获是什么？"

• 早上花两三分钟的时间来确定今天要做的一两件最重要的象限2中的事情。把它们写在一张纸上，放进口袋里。在一天结束时，看看是否已完成了，如果没有，问问自己为什么没有完成。

- 找到让自己分心、自我强加的象限3里的事情，想出策略来解决。

小　结

- 大脑有两大基本部分：思考型部分和反应型部分。
- 一个人一生所取得的成绩受识别能力的影响。
- 通过练习，我们可以重新连接我们的大脑，使之变得更敏锐、更主动。
- 想变得更敏锐，既需要框架（时间矩阵），又需要过程模式（暂停—澄清—决定）。
- 为了做到真正的富有成效，我们应在象限1和象限3里花费尽可能少的时间，远离象限4，并且把尽可能多的时间投入象限2。
- 不做任何强加给自己的象限1、3、4的活动，把这些时间投入象限2中。
- 在团队里，通过运用具有重要意义的语言来创建象限2文化，并与同事共同提高专注于象限2的能力。

The 5 Choices

决策管理

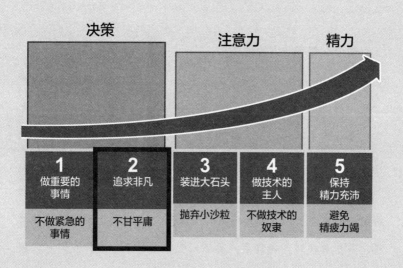

决策		注意力		精力
1 做重要的 事情	**2** 追求非凡	**3** 装进大石头	**4** 做技术的 主人	**5** 保持 精力充沛
不做紧急的 事情	不甘平庸	抛弃小沙粒	不做技术的 奴隶	避免 精疲力竭

选择二

追求非凡，不甘平庸

每个人都有潜力活得非凡。

——威廉·鲍尔斯

亚旺叹了口气，上了出租车。会议已经结束，在回家的路上，他终于可以松一口气。"会议进展得还算顺利，"他自言自语道，"毕竟，我比任何人都了解这个系统。"但是把时间用在帮人们理解简单的事情上，总让人感觉有些沮丧。"要是有时间记录这些材料，并把更多时间花在用户界面研究上就好了，这样我们可以解决更多问题。"他想。

越仔细考虑这件事，他就越沮丧。他知道很多方法有助于改进该软件，更方便用户的使用，但是，随着软件的开发以及完成销售的需要，程序开发团队所有的时间都耗费在满足顾客的主要需求上。他的作用就像是协调者和灭火队员，根本没有时间关注软件开发，优化品质，而他能够对品质进行优化，"我们本来能够把某事做得最好，却设定了一个次之的目标，最终客户会发现问题，而后我们又疲于应付。"

他拿起手机给妻子卡丽莎发短信说他在回家的路上，她要深夜安排库存，而他希望她能在他到家的时候忙完。"很高兴会议进展得很顺利，"她发短信回复，"库存一团糟，我可能一直待到明天深夜，唉……"亚旺颓然地蜷在座位上，他们原打算明天出去吃顿大餐，现在看来这个希望化为了泡影。

他们什么时候会有空闲在一起经营自己的婚姻呢？照这样下去，还不如单身呢！"我们曾经在一起做过各种各样有趣的事情，现在到底怎么了？"他想，"我必须好好地处理这件事！"

为了让生活进入象限2，我们需要知道最终什么是重要的，需要某个标准来指导我们决定在何处使用时间、注意力和精力。这是本章要讨论的内容，它将阐明我们每天做决定的标准是什么，是关于总体上什么是存在于象限2中生活最重要的方面——工作、重要的人际关系、金钱、家庭、朋友，还是兴趣和爱好，并如何使之与众不同。

正如大脑专家丹尼尔博士所言："驾驭大脑，需要指导和想象，即需要一个蓝图。"

为什么要追求非凡

人们常说："我不想成为非凡的人，只是希望能够过一种平静的常人生活！"

面对人生各种各样的挑战和我们已经拥有的一切，问问自己为什么把人生标准设定为非凡，这是一个合情合理的问题。

让我们回想一下，我们所说的"非凡"是什么意思，是在每一天结束的时候能够心满意足地上床睡觉？是做了一些事情，使工作和生活变得更有价值？

当使用"非凡"这个词时，并不意味着：

• 一个不可企及的、让你连尝试都不敢尝试的完美主义者的标准。

• 由别人定义你的生活应该是什么样子。

• 迎合别人千奇百怪的念头，唯独不关心对自己而言什么是重要的。

• 与别人相比或竞争时，你需要很杰出。

我们只是谈论那些让你深有感触并为你的生活创造最大价值的事情。

那么，为什么要使用"非凡"这个词呢？这个词蕴含的意思是超出平凡的事情，不是吗？

是的，确实如此。

依据我们的经验，许多人不花时间来搞清楚什么事情对他们来说是重要的，正如时间矩阵数据所显示的那样，他们最终也不会把时间花在那些重要的事情上。搞不清什么是重要的，就做不出明确的决策，完全被紧迫的事情所绑架。

因此，每天工作结束时，他们没有强烈的满足感，相反，只对生活和正在做的事情感到不安和不完美。他们想知道自己为何如此地忙碌，但仍然觉得没有完成任何事情，正如第一章所讨论的，他们经常通过忙忙碌碌来淹没这种感觉。

这本书将帮助你始终如一地、有意识地实现多彩的人生，而这一章正是本书的核心所在。

什么是最重要的角色

哪里有生活，哪里就有角色。在角色里，我们建立各种各样的关系，进行相关的活动，使人类得以延续。

角色对人们的身份是至关重要的，介绍自己时，人们的回答总是与角色有关，"我是一名工程师"，"我是简的丈夫"，"我是铁人三项的运动员"，"我是你的朋友"，即使人们给出个性特征，如"我害羞"或"我是一个风趣的人"，这些特质也是在角色的语境下表现出来的。

诀窍就是保持平衡。你所扮演的每一个角色，都会影响到你在生活中所扮演的其他角色。比如，如果你在工作中遇到困难，它就会影响到你在家时的情绪和行为。相反，当你的个人生活出现问题时，就很难在工作或在其他角色中取得成功。

我们的大脑天生就会给信息分类，例如根据角色来组织信息，因此按照不同的角色安排生活是有一定道理的。

目前，在生活中你扮演了多少个角色？10个？15个？你是一名经理？一名同事？一名项目负责人？一名父亲或母亲？一个女儿？一个儿子？一个兄弟姐妹？一位邻居？一名志愿者？一名活动家？一位建筑师？一位艺术家？一名运动员？一名自然学家？一名教练？一位合作伙伴？一个朋友？有没有对自己负责的角色？你有多少个不同的角色，之间的关系是什么？在所有的这些角色当中，你真的能够做到非凡吗？

集中注意力是你能做到的最有效的象限2事情之一，花时间去发现今天你生活中为数不多的一些非常重要的角色，评价你正在做的事情，然后定义每个成功的角色，并传递给大脑这个角色的目标，以便你能够每天做出更好的决定。

定位你的角色

以下是基娃定位的可能是她目前最重要的角色：

- 项目经理
- 朋友
- 室友
- 摄影师
- 女儿

亚旺可能挑选下面这些作为他目前最重要的角色：

- 丈夫
- 软件开发者
- 团队负责人
- 邻居

一位名叫雪莉的女士可能这样定义她的角色：

- 三个孩子的母亲
- 吉姆的妻子
- 健康师
- 部门经理

这三个人在他们的生活中，可能有很多其他的角色，这并不意味着把那些角色抛开不管，而是把它们暂时放在一边，问问自己什么角色是最重要的，是需要现在集中精力，以获得最大的利益回报。

接下来要做的是把这些角色放在生命之轮中，将它们形象化、可视化，使其与完整的人生相连，并成为人生密不可分的组成部分，比如说，上面提到的几个人的定位：

基娃

亚旺

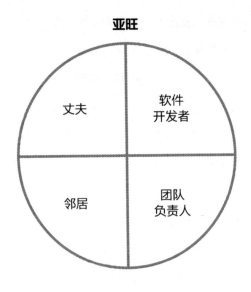

雪莉

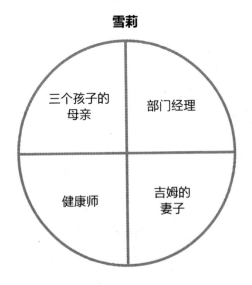

当你成功地找到最重要的角色时，它们将：

- 代表核心的人际关系和责任。

- 与现在的生活息息相关（不是未来的某个时刻，也不是你认为自己应该扮演的角色）。

- 对你来说是意义重大的，你的角色表现你内心的价值观、最大的愿望以及最大的贡献。

- 平衡你的生活，例如，不应该仅仅是工作或是与工作有关的事情。

- 最多限于5~7个角色。

评估你的角色

有意识地确定你生活中最重要的几个角色，并把它们写入角色之轮里，使之清楚可见，下一步就是使用你的思考型大脑评估你今天在每一个角色中的表现。

你是不是：

- **表现不佳**？"我没有做好我在这个角色中应该做的事情，也没有在这上面花多少时间和精力。"

- **表现一般**？"我做的是这个角色要做的事情。"

- **表现非凡**？"在这个角色中，我为自己在做有价值的事情而激动。"

这是一个很难回答的问题，对吧？你不得不把一面镜子放在面前，直面现实。在这里，你可以参见我们所举的三个例子，完

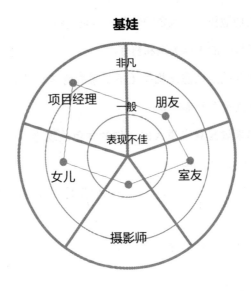

基娃

非凡
一般
表现不佳
项目经理　朋友
女儿　室友
摄影师

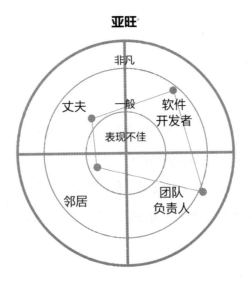

亚旺

非凡
一般
表现不佳
丈夫　软件
开发者
邻居　团队
负责人

雪莉

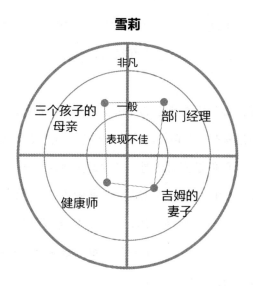

成这一练习。他们用连续的点显示自己感觉现在所处的位置，再把这些点连接起来。

蜘蛛网状图练习真实地反映了你的内心世界，它形象、具体地告诉你脑海里凭直觉知道的事情，对你来说是实实在在的。看着反映你目前生活现状的蜘蛛网状时，你会怎么想呢？思考你所看到的东西时，你的大脑和内心在向你诉说什么呢？

以下是一些有用的小贴士。

• **庆祝**。务必庆祝那些你认为做得很好的角色，你应该对此感到自豪。

• **评估**。有勇气正视那些你做得不足的角色，并向自己承认这一点。整体地看待事物，你是如何看待工作和生活间的相互影响的？它们之间是平衡还是紊乱？你是否在一个角色里投入太大，花费了大量时间、注意力和精力，而远离了另一个真正重要的角色呢？

• **验证**。你确定对自己的评价是真实的吗？你应该咨询别人吗？我们见过有些人对自己的评价是模范丈夫、妻子或重要人物，但问起他们的伴侣是何看法时，结论却大相径庭————剂现实的良药，对吗？你也可能发现别人对你所做事情的评价比你想象的要好很多。知道这点也是好的，这样，你可以做你想做的事情。在工作或在家时，与他人一起评价有助于理解你的角色，以及你是否需要提高或是否想要提高。

角色定位和角色再评价是一项重要的、会给你带来良好效果的大脑训练活动，这可能很艰难，由于每天忙忙碌碌，这项最重要的工作往往被忽视了，因为大多数人觉得我们对怎样扮演这些角色是心中有数的，甚至比切入"自动导航"模式还要更简单，于是就忽视了真实的评价。通过角色定位和角色再评价的工作原理，使用大脑科学，将有助于创建明确的目标，而这一目标是大脑极度渴望达到的，目的是让你取得更好的成绩。

克服自我评估时的沮丧感

有时一个诚实的自我评估可能会让人对人生感到失望，如果你正有此经历，请看下面的提示。

• **别对自己过于苛刻**。我们的大脑往往快速专注于生活中

"不好的"事情，即使面对许多好事情，我们有时也只看到另外一件坏事，并把它放大成生活的失败。如果你发现自己是这样的，请深呼吸并退后一步思考，找一个更加平衡的视角。

• **不要忽视这些感觉。**如果在你关心的角色中的确表现不佳，下面这个练习可以为你改变提供所需的催化剂。以这种方式来看待问题：既然勇敢地承认表现不佳，那就采取行动为之改变，在这之前，把这些情绪放在一边。

• **时刻保持希望。**下文中有许多内容可帮助你采取正确的行为，以便感觉更好。你会不断前进，下次做这个练习时，你的体验会更加积极。

定期评估可以使我们深入了解角色，在必要时做出改变。

在一次工作会议休息时，一名女士走上前来，想和大家分享自己的一次体验，她说："直到几个星期前，我的一个角色是照顾上了年纪的母亲，但是现在，她已经去世了。"她停顿了一下，继续说道，"自从我妈妈去世后，我一直感觉很空虚，她特别需要我，以致我忽略了一些在我生命里其他重要的角色，现在我知道该做什么来再次充实我的人生了，也意识到自己可以重新扮演那些被放在一旁的角色，真正地完整我的生命之轮。"

这一训练还可以增强我们保持平衡的决心。

丽塔——我们的一位同事就是一个好例子，她很好地平衡了职业女性和母亲的角色。她是我们公司一个面向客户小组的项目经理，这是一份兼职工作。因为擅长，所以她把这份工作安排得井井有条。她一次只需要做一两个客户端项目并拥有一整套技能，使她能够在所期望的时间里（孩子上学期间）与顾客进行良好的沟通。当孩子下午放学时，她也能按时到家，等孩子们上床睡觉后，她就继续工作。因为她对每个角色想要实现什么有着明确的定义，并拥有一些方法来管理这些角色，因此，她能够在两个角色中找到平衡，且效率很高，并为此很有成就感。

虽然丽塔的做法可能并不适合你的情况，但她明确的角色定位、角色预期和角色界限，以及为平衡家庭与工作所拥有的技能，是可以运用于任何工作的。

让你的角色非同一般

确定并评估了最重要的角色后，我们该如何进行转化？如何指导并帮助自己把每天的注意力和精力花在重要的事情上，以做出更好的决策？

关键是针对每一个角色明确你的目标，可以通过两件事情来实现目标。

- 根据象限2的角色，明确你的目标，激发你的激情。
- 为每个角色精心制定角色描述。

这两种技巧基于大脑科学研究成果，它们将有助于捕捉你的想象力并给予你激励，当你不得不做出艰难决策时，这些可靠的精神和情感基础就会指导你，让你始终处于象限2中。

确定目标、激发激情

要开创一个令人满意的生活，激情是非常重要的。

畅销书作家丹尼尔·平克在著作《驱动力》中写道：

科学表明，高效能的秘诀不是我们的生理机制或外在的奖励和惩罚机制驱动，而是由第三驱动力——我们根深蒂固的欲望来指导生活，拓展能力，促使我们做出贡献。

同时，研究发现，明确的、令人信服的目标可以减轻压力，提高工作绩效，增强能量，并防止人们精疲力竭。

捕捉角色中的情绪和动力的简单技巧就是深入思考在角色中你所见和所感的激情和目标，将所扮演角色的个人形象清楚、生动地在大脑里加以显现。作为母亲或主管，或朋友，你想要做的贡献是什么？想要做出贡献是人的本性，因为这令人感到有成就感。对于你来说，成功的目标是什么？什么既能调动你的大脑，又能触动你的心灵？

当更深入地思考一个角色的目标时，你会觉得情绪激动，试图张开手臂来拥抱你的感受。你会发现唤起这些感觉是多么的重要，但你也知道，在日复一日的压力和忙乱中，你正在失去它们。

控制这种能量的一个好方法是通过重新考虑你的角色来确立一个目标，你的感觉是什么？当想到父亲这个角色时，你的感受是什么？当你是导师、向导或者父亲时，你会有成就感吗？作为经理，在繁忙的一天中，你觉得怎样扮演这个角色才能做出最大的贡献，是作为教练、有创新意识的领导者，还是作为人力开发人员？当你想到这些角色时，它们能给予你更多的力量，激励你每天做出更好的决策，从而在角色中做到卓越吗？如果不是这样，你就要重新定义自己目前的角色，以捕捉这种感觉，正如基娃做的那样：

不是	她可能使用这个
项目经理	项目负责人
朋友	永远的朋友
室友	支持者
摄影师	视觉艺术家
女儿	鼓励者

这些观点并不是对任何人都有意义或者让所有都印象深刻，但它们对你会有激励作用。正如你所想的那样，要有创新性！如果有一个词、词的组合或者一个缩写，对你有意义并能唤起你内心更高的目标，那么就继续使用它吧。如果你心中已经有个角色能激发你的激情，那么，请坚持这个角色吧，关键是有一个能产生激情和实现目标的角色来推动你，使你努力在每一个角色中做出最大的贡献。

花几分钟时间全面、深入地思考众多角色中的一个，想一想什么是你所期待和想要现实的目标，此目标是否能在该角色中体现出来。如果喜欢，就以这个角色为主，同时兼做其他角色。

赋予每个角色精心描述

更加具体的象限2角色描述比角色本身更加重要，它包括你为实现这个目标所要做的一切活动。根据大脑的工作方式，你讲得越具体，细节描述得越多，尤其是关于实现目标的过程，你就越可能有动力来实现它。

从本质上讲，这意味着你针对每个角色精心制作一个简短的描述，清楚地表达出你所要的结果以及帮助你得到这些结果的关键活动或方法。现在，你不是在寻找一个具体的可测量的结果（如一个目标），目标是以后实现的事情，而是结果和活动的结合体，它将指导你以后的目标、计划和决策。

这里有一个公式，将对你有所帮助：

作为某个角色，

我将达到非凡的结果，

通过某种活动。

例如，亚旺把丈夫的角色转变为卡丽莎最好的朋友，他可能说：

作为卡丽莎的朋友，

我将创造一种持久的信任感、安全感以及互相坦诚相待的关系，

通过积极地分享她的目标和梦想，与她一起度过有品位的时光，并赢得她对我所做事情和与人交往的完全信任。

这一描述来自前额叶皮层思考型大脑对这个角色的深入思考，这是有意识、有目的的，因为亚旺花时间有意地、明确地定义出

这一角色，将决定着他每天如何花费时间、注意力和精力。

如果亚旺总是有意识地思考这句话（这并不容易，但绝对是可行的），作为他每日和每周的象限2计划的一部分，他可能建立起他想要的"持久信任感、安全感和相互坦诚相待的关系"，这对他和卡丽莎的生活具有重大的意义。

我们接下来看看基娃的例子：

作为一名项目负责人，

我将建立一个团队来促进可能的进展，

通过用清晰的技术释放团队的创造力，为客户实现更有意义的工作。

又是一个显而易见的例子，基娃把一些立体的思维运用到了这个描述当中，最终版本不太可能在5分钟的头脑风暴中形成，然而，我们却惊讶地发现，人们可以很快地想出一个象限2的角色描述，并实实在在地体现他们想要达成的目标，这是因为这些描述来自人们最了解的东西——他们的生活！

这些当然并不是最终的版本，因为你最重要的角色是动态的，是不断变化的。一位有个三岁大儿子的家长现在所做的角色描述和当孩子长到十几岁或自己也成为父亲时的角色描述是迥然不同的。

不要把这些角色描述放在书架上或是记在本子上，而每年只看一两次。象限2角色描述是生动活现地记录你今天的生活，它捕获的是现在对你来说重要的东西，以及现在你想要的成功。你看这一描述的次数越多，就越激动，而适时做些调整，使之成真，你的大脑会变得更加清晰和明确，能做出正确的决策来完成每天最重要的事情。

所有的这一切都需要一些反思时间，使反应型大脑部分静一静，打开你的思考型大脑部分，并问问自己，在今天的生活中这些为数不多的重要角色里哪一个是最重要的。当你花时间冥想时，要敏感地觉察直观的想法和感受，以及你对每个角色可能的看法。

确保象限2角色描述来源于生活

花时间写出这些描述，能够使你看清自己可能已经有的期望，尽管它潜藏在表面之下，同时也使你勇敢地面对那些可能不是或者经过审视完全不属于你的生活期望。请记住，这不是别人所定义的"非凡"，而是你自己定义的。象限2角色描述应该来源于你生活的独特背景和实际情况。

当米凯拉花时间思考她的角色时，她想起自己是一位母亲。在回答"一个非凡的妈妈是什么样的"这个问题时，她能够感觉到压力和愧疚感在不断地增加，这一直是令她感到挫败的地方。她生长在一个母亲是家庭主妇的家庭，母亲似乎做任何事情都是正确的，从小她就对母亲的职责有很高的期望。她的母亲花很多时间帮助孩子做家庭作业，参加学校活动，带她们去公园，等等。她觉得，母亲天天跟她在一起，几乎存在于她生活的每一个角落，她们家总是干干净净的，一切似乎井井有条。

相比之下，米凯拉觉得虽然自己尽了最大的努力，但只是维持着一种事业、家庭以及社区其他义务之间表面的平衡。她觉得自己的家大部分时间是乱糟糟的，她五岁大的女儿几乎不认识她。就在上周，她下班回家，保姆要离开时，女儿居然哭着向门口跑去追赶保姆，这让米凯拉几乎崩溃。

当这些情绪喷涌而来时，她差一点忘记自己的角色，但是，随后她问自己："等等！在女儿和我的生活中，非凡的母女关系是什么样子的？"

深入思考时，她意识到，把环境完全不同的所有期望统统放入自己的生活，一旦实现不了，就会感到十分受挫。

她意识到女儿对她很重要，一个干净整洁的家也许并不那么重要，而且，她会有别的一些选择，而这些选择将影响她怎样与女儿一起度过上班前和下班后以及周末的时间。

当米凯拉决定放弃她以前无意识时对成功下的定义，并开始给出对她来说什么是非凡的定义时，她开始解脱和充满希望。

与米凯拉一样有着类似经历的人并不少见，研究表明，基于女性扮演的角色数量以及管理这些角色的经验，她们在生活中特别容易感到不知所措，这被称为角色超负荷。所以，重要的是不仅要着眼于每一个角色，而且要考虑所有角色如何协调一致。正如一位女士所说："有一种错误的说法就是你能做一切事情，事实上，你不可能面面俱到，但是，你可以花时间来做那些对你来说最重要的事情。"

寻找角色之间的平衡

在今天的生活方式下——技术渗透进生活的方方面面，比以前任何时候都有助于工作，找到角色的平衡尤其重要。

在这样的世界里，通过你随身携带的小玩意儿便能窥视你的生活轨迹，这些小玩意儿使他人随时随地，无论白天黑夜都能呼叫你，甚至看到你，或者向你发电子邮件或短信，唯一联系不上你的情况是你设定了限制，或者与他人商议后设定了限制。

这对生活平衡而言可能是非常危险的，然而，当你清晰地定义重要的象限2角色是如何与生活协调一致时，这些技术能够为我们提供支持和便利。

因为知识型工作富有创造性，所以最佳的思维和想法可能出现在早上五点，而下午两点时效率可能最低。已经习惯这一点的组织和个人并不太关心办公室里的会晤时间，而会更关注结果。就我们所知，在一些组织中，某人在某一周的星期三下午两点离开办公室，去山里骑自行车，这是完全可以接受的，因为他/她下班回到家后将参加当晚六点至十点半的国际视频会议，尽管他/她在工作时间锻炼身体，但这仍然属于工作角色。因为晚上要接着加班，所以当他/她外出骑自行车时，并不感到内疚，即便接到电话，也不会感到负担。

也就是说，平衡不完全指的是回家后就把工作抛到身后，也不像机械秤，当一方（或角色）上升时，另一方必须下降。相反，生活的平衡应想象成是一位优雅舞者的动作或熟练的武术家所练的套路，是互动和不断变化的，它的形式会因为时代的不同而不同——有时快，有时慢，但总是有中心。生活的目标是在当下，以及随着时间的推移，在所有不同角色中建立一种和谐的关系，给你一种满足感和成就感。

现在，花些时间为你的每个角色制定一份角色描述。你可以自由使用先前为每个角色设计的具有创造性的象限2角色，或者现在想出具有创造性的角色，有时这两者可以一起使用。最后，你应该有一个象限2角色及其描述，两者会明确你想要的结果并激励你去实现它们。

设定象限2角色目标

为了提高在象限2中当前最重要角色目标的实现概率，你可以为每个角色选择一个或多个具体的、可衡量的象限2目标。

有很多方式来设定目标。你可能已经听说过SMART目标（Specific具体的，Measurable可衡量的，Achievable可实现的，Relevant相关的，Time-Bound时限性）或类似的目标。

我们与世界范围内已经实现目标的人们和组织进行了合作，经验表明，设计象限2目标的最好方法就是使用一个简单的公式：

从X到Y，截至日期

这一公式是指，截止到某一个特定日期（什么时候），你想在某一具体方面（X，Y）上进行改变，比如：

- **减轻体重**：在6月17日之前，从230磅减到180磅。

- **增加销量**：在12月31日之前，从100万元增加到180万元。

- **看望日益衰老的父亲**：从每周零次增加到每周三次。

- **增加个人储蓄利率**：在1月1日之前，收入从15%增加到20%。

一些目标可能很难衡量，如提升在某种关系中你所拥有的感受或是提高对职业生涯的满足感。即使在这种情况下，你也可以运用一个主观的级别（例如，从1到10）来评估你处在何处以及衡量所取得的进步，例如：

- **提高配偶对我的信任水平**：在3月31日之前，从5到8。

- **增加对自己工作的满意度**：在5月17日之前，从7到9。

- **提高在公众面前演讲的自信心**：在2月1日之前，从2到5。

在某些情况下，衡量目标只需照着镜子，对不同时期的自己做出一个诚实的评估。其他的目标，如提高配偶对你的信任，可以通过询问你的配偶来衡量！

在任何情况下，目标越具体、越可衡量，大脑与它们的连接就越好，就越容易实现这些目标。

一旦设定目标，就可识别出能帮你实现这些目标的具体活动，如为控制体重而进行的运动与饮食，或为完成销售目标而进行的电话销售，那么，可以坚持每周为达到目标而采取行动，我们将在下一章详细谈论。关键是不要选择太多的目标，确保它们能与象限2角色描述的目标和激情紧密相连。

目标成就领域里的杰出研究员海蒂·霍尔沃森博士说道：

我们经常不愿给自己设立意义重大但很难实现的目标，但是，数以千计的研究表明，当人们为自己设定艰难但具体的目标时，比他们只是说"我要做到最好"会更加成功，也会对生活感到更加满意和快乐。

因为设定象限2目标就是把注意力和精力集中在某些事情上，而远离其他事情，所以要确保仔细选择你的目标，同样小心地、有意识地确定角色描述，这样，你所做任何事情的结果都值得付出努力。

在这一章里，我们讨论了创建象限2角色和目标的重要性，并帮助你指导一整天的决定。你每天选择把注意力和精力集中于重要事情上以创造最大价值，这有助于解放你的大脑。

目标除了能够连接大脑的激励中心和澄清角色，还能进入我们生活中最深层的意志。我们的角色意味着我们与他人最重要的关系、我们自己最大的快乐、做出的最大贡献以及远大的抱负，它们会进入我们的心灵和灵魂，正如丹尼尔·平克所说：

在商界，我们往往沉迷于如何做到，而很少讨论为什么要这样做，如果一开始就不明就里，我们是很难把它做得特别出色的。

花一些时间来深入思考象限2角色和目标，可以帮助你了解更深层的动力和高效能。

行动小贴士

追求非凡，不甘平凡，可采取下面的简单方法。

- 清楚明晰地确定出最重要的角色，把它们放入生命之轮里。
- 通过蜘蛛网状图练习来评价你与角色之间的关联。成功时，庆祝一下！
- 选择一个重要角色，并在需要反馈时与合适的人进行沟通。
- 选择一个角色并快速写出处于象限2时的角色描述，不要试图使之完美，一两天之后，再回过头来看看是否仍然言之有理，再完善该描述。
- 选择一个你认为是重要的目标，把它放到"从X到Y，截至日期"的公式里。

小 结

- 非凡生产力是指每天上床睡觉时感到满足并有成就感。
- 确定我们生活中几个最重要的角色，并提供一个平衡、动力和实施的框架图。
- 确定在象限2角色的动力，利用象限2角色描述提高正确的决策能力，以决定每天我们在哪里花费时间和精力。
- 诚实地评价我们的角色表现可以促使我们的角色更加非同一般。
- 设定具体的象限2目标，以最有成效的方式指导我们的大脑。

The
5
Choices

注意力管理

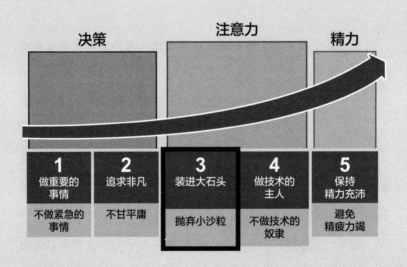

选择三

装进大石头，抛弃小沙粒

人们缺少的是注意力……理解和管理注意力是现在商业成功最重要的决定因素。

——托马斯·达文波特和约翰·C. 贝克

思考什么是重要的与实际完成它存在很大的差距。如果没有良好的规划训练和适当的过程来完成重要的事情，那么，我们象限2的角色描述和目标就仅仅是美好的愿望。

选择一和选择二两章是关于把注意力和精力用在哪里以做出成功的决策，选择三和选择四是如何保持注意力并始终目标明确，以确保每一天结束后我们都有成就感。

"大石头"和"小沙粒"

在下面的比较中，"大石头"代表了重要的象限2中优先考虑的事情——时间应花在关键的关系和责任、重要的项目、至关重要的会议上，等等。这些来自于象限2的角色描述和目标，与"小沙粒"形成鲜明的对比，后者代表的是所有占据我们生活的小事情——电邮、电话、洗衣等不重要的活动，在这些小事上花太多时间和精力，就会使我们远离"大石头"。

所以，如果下面图中的杯子代表你的生活，那么，哪一幅图能让你觉得更有成就感？

图一   图二

如果选择的是图一，你可能就有麻烦了，因为你把所有的小事情放在了第一位，然后才试图找时间去做重要的事情。

当今世界中，在无数的"小沙粒"猛攻下，图一这种方法完全行不通。我们每天一开始面对的就不是一小堆"小沙粒"，而像是一长串卡车，把堆积如山的"小沙粒"卸进我们的生活里。

如果选择的是图二，你就会很顺利地掌握选择三中关键的概念——把所有重要的事情放在首位，有效提高效率，然后才处理一些难以避免的"小沙粒"。

关于选择三，你在思想上要做出的重要转变是意识到你永远不能通过迅速地给"小沙粒"分类而获得成功，这是一场注定失败的战争。相反，你必须决定什么是最重要的（选择一和二），以此来安排时间，那么，就可以把宝贵的注意力和精力首先放在重要事情上（选择三）。

为了使之顺利实施，你需要有意识地放手很多小事情，这没问题！事实上，其中许多是你强加给自己的象限3的事情，那些事使你不能更好地进入象限2。你可以有意识地选择把"小沙粒"放在"杯子"之外，就像你在图二中看到的那样。

在原有的时间管理模式里，传达的信息是这样的：每个人都有相同的时间，但有些人会比别人做得更多，那么，这些人一定是最富有成效的。

在今天的环境下，真正生产力的关键不是完成更多事情，而是完成正确的事情——重要的事情，并实现最高的品质。它不是用更少的时间做更多的事情，而是关于"少就是多"，把更多的精力和注意力集中在那些少数真正重要的事情上来，并能在充满"小沙粒"的生活中完成它们。

在这一章里，你将学到有关象限2计划的关键原则和过程，这种方法有助于完成重要的事情。

使用主要任务清单至关重要

在进入象限2规划过程之前，我们需要在支持该过程的重要工具——主要任务清单上花点儿时间。

你已经有任务清单了吗？有两份或两份以上吗？或者，像许多人一样，把重要的任务记录在任何恰好可供使用的东西上面，然后塞进手提包或钱包里，希望以后能找到它（诚实地说你是否能找到）？当你寻找已经飘落在桌子下面记有重要信息的清单或纸片时，那么，你是处于哪一个象限呢？

在21世纪，主要任务清单或许是我们可以使用的最重要的工具之一，它使我们的注意力集中在象限2上。如果使用得当，主要任务清单可以作为另一个过滤器，帮助我们辨别和组织所要做的事情，以确保正在做的是最优先的事项。

主要任务清单的目的是让事情保留在一个值得信赖的跟踪系统里，以便可以把它们从大脑中去除，不再令人担心。那么，做象限2计划时，你可以信心十足地参考主要任务清单，因为你知道需要考虑的重要事情都在那里。

使用主要任务清单的基本规则是，当可能要做的事情出现时，要么将其放在一边，要么写在任务清单上，而不是存进你的大脑里，这意味着你立刻使用洞察识别技能来决定该做什么，而不是使之停留在意识中，占用宝贵的记忆空间，时间矩阵模型可以帮助你做出以下这些决策。

- **把象限3和象限4扔在一边。**根据定义，象限3和象限4中的事情是不重要的，因此，如果某事属于象限3或象限4，你可以放心地摆脱它，把它扔掉，这意味着已成功分辨和摈弃了一些即将到来的"小沙粒"，不然这些"小沙粒"会填满你的每一天。跟自己击掌庆祝，让大脑知道做得正确，并继续前进。

- **把象限2和象限1放在任务清单上。**如果这件事情属于象限2，或是必然要做的象限1，那么，请把它放在任务清单上。这样，就可以记下你的选择，以后再用时间和精力处理它，从而集中精力来做你现在正做的工作，而不是让这个任务一直在你的脑海里萦绕。一旦任务写下来，你就已经提高了完成它的可能性，让大脑静一静，把注意力专注于更重要的事情上。

以后，当拿出列有计划的任务清单时，请记住，由于不断变化的环境，被记下来的事情在当时可能是重要的，而现在也许并不重要了，所以不要受制于你所列的任务清单。如果事情不再重要，就果断摈弃它。

要判断事情是应该被扔到一边，还是写进任务清单上，你可以问自己这样的问题，比如：

- 我正记下一件属于象限3的事情吗？

- 我是自愿承担其他人的责任吗，而该责任并不是非承担不可的？

- 因为没有办法防止象限1的事情发生，因此，我第五次记下它来（在这种情况下，记下另一件象限2的任务来防止X）。

- 我正记下应该委托给别人做的事情吗（在这种情况下，你可以把该任务委托给X）？

主要任务清单让你在需要做出选择的时刻，参考时间矩阵模型，使用辨别力，决定究竟是否应该执行该项任务。如果答案是否定的，把它扔掉，如果答案是肯定的，把它写进任务清单里。

当然，用任务清单记录事情，不应只是为了把它们从你的脑海里赶走，否则，它就变成了一个"沙子收集器"。任何从任务清单上移走的事情，都需要好好决定，这代表的是一种积极的选择，要把更多的注意力专注在"大石头"——象限2的角色和目标上。

倘若不确定某事是否很重要，或需要更多的时间来准确地辨别，那么，先把它写进任务清单里，但不要以此为借口，而偷懒不去过滤不该在此的事情。

没有主要的任务清单，你在晚上更容易失眠，因为，要做却还没记下来的事情总是浮现在脑海里，使你辗转反侧难以入睡，而且明天一定会有大量的新决定和新需求出现，令你无处安置，这让你更是倍感压力。也就是说，把这些事情记在脑子里而不是任务清单上，会减少大脑中专注于其他重要事情的工作记忆的数量。

既然可以给主要任务清单做基本的处理，让我们看看它是如何在象限2计划中起作用的。

利用象限2规划提升成就感

我们能够给予你这样的承诺：倘若在象限2规划上，每周花30分钟或每天花10分钟，那么在每天结束时，你的成就感会大大提升。这是一个过程，将改变你处理时间的方式。目标和成就方面的资深研究员海蒂·霍尔沃森博士说：

规划被证明是可以用来达到任何目标最有效的策略之一，当人们有合适的规划时，他们的成功率由平均200%上升至300%。

象限2规划是一个过程，在此过程中，花一些时间让思想安静下来，运用思考型大脑部分，有意识地、有目的地把"大石头"放进日程里，确保首先完成它们。

为什么每周要花30分钟？因为我们需要几分钟来进入象限2区域，否则，反应型大脑部分将启动，让你安排紧急的事情，而不是根据象限2思考型大脑部分的计划，让你组织那些最重要的事情。

当花时间来降低噪音、集中注意力、计划一个更周密的描述时，问问自己，什么是最重要的事情？你会有一个完全不一样的体验，你得到的答案会更清晰，更准确。

冥想和神经科学领域的佛教僧人、哲学家丹增说：

没有静止，便没有沉默，没有沉默，便没有洞察力，没有洞察力，便没有清晰。

你不需要涅槃才能练习象限2的规划，只需认真仔细地处理这个过程，就会获得额外的洞察力和清晰的思维，你生命中的"大石头"就不会被"小沙粒"埋没。

创建象限2时区

为创建有效的每日和每周的象限2规划是一项有价值的实践，即创建象限2时区，这些时区就是提前安排某段时间，以保障象限2中的事情得到优先处理。

时区的价值在于无论是重复的活动，还是一次性的事件，你都可以提前规划，这样，当新的一周开始时，你就已经有足够的象限2的时间了，比如：

• 基娃想在早上锻炼身体，那么她可以把每天早上六点半到七点半的这段时间空出来，去客厅做瑜伽，而在电子日历中将其设为重复活动。据研究，安排具体的时间和地点来锻炼，并履行这个承诺，这样一个简单的行为就能够将成功率从32%提高到91%。

• 如果亚旺的最佳思考时间在早上，他每天可以空出一两个小时，或者一周的某几天，比如，留出下午的时间来参加会议，与团队一起讨论，以便不干扰他早上的思考时间。

• 如果雪莉想要确保每个星期都有时间与丈夫在一起，那么她可以空出每周五的晚上作为固定的约会之夜。

• 布拉德是一位总经理，他的行程繁忙并经常遇到不可预知的事情，那么，他可以展望未来的几个月来安排合适的出行时间，外出度假，这一时间是不能被限制的，除非发生极端的情况。

这样，一旦亚旺建立一些固定的象限2时区，他一周的安排可能是这样的：

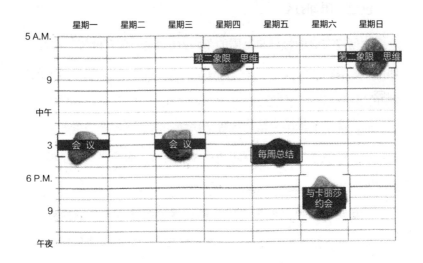

制订每周象限2计划

一旦有了主要任务清单并确定了象限2时区，你就可以规划你的一周了。这周开始之前，找一个安静的地方，至少花上30分钟做以下事情。

1. 回顾你的角色和目标。花时间有意识地回顾生活目标，你可以在象限2角色描述和目标中找到你的生活目标。不要跳过这一步，因为它将重新点燃你内心深处的激情并激发你最大的动力。不做定期的回顾，你可能被拖入忙碌的日子，而人生目标将从你的记忆中慢慢消逝，因为大脑总在疲于应付立即去做的紧迫事情。

因此，确保它们位于某一格式中——你可以轻松到达的地方。

神经学领域的成果告诉我们，要做到富有成效，我们的目标必须是第一时间想到的——从所有涌入生活的事情中分辨出什么足够重要，值得我们花费时间、精力和注意力，关于这一点，大脑前额叶皮层的思考型部分能帮助我们。

2. 安排"大石头"。一旦与你的角色和目标连接，那就好好回顾你的主要任务清单，然后，问问如下问题：

本周在这个角色中，我可以做的最重要的一两件事情是什么？

当你认真考虑生活的每个角色并提出这个问题时，答案就自然地显现出来。可能有些事情是显而易见的，如本周将到期的重要项目，还有一些事情可能不太明显，需要更加敏感的辨别力来分辨，如在一段重要的关系中你需要做的一些事情，或者为了完善定于本周晚些时候举行的大会结果，你可以做的一些准备。

在生活中发生的所有事情都在大脑的某一区域有所体现，然而，如果你从不花时间倾听自己对这些事情可能有的更微妙的联系和感受，那么在未来一周你可能轻易地错失时间和注意力的高回报。

请注意，其中一些活动可能永远不会出现在你的主要任务清单上，而被淹没在白天的噪声和繁忙之中。然而，当静下来，仔细考虑象限2的角色和目标时，你能够奇迹般地发现应该把时间、注意力和能力集中在何处，以得到最大的回报，了解这点会促使你在必要的时刻将这些记入你的主要任务清单里。

当你最终清楚了本周最重要的活动时，请把这些"大石头"

记到你的日程里！

实际上，提前安排预约某事是非常有意义的，但不是简单地把它罗列到日常任务清单上。否则，每日任务清单变为每日愿望清单，到头来只是一天又一天悬着，几乎没有任何的进展。

安排具体的时间和地点来做某事，代表了更大的承诺，并大大地增加了实施行动的可能性，这是因为着手实施时，更多的具体细节会提示大脑采取行动，帮助你管理时间，防止随时会发生的象限3分心之事，如某人突然闯入你的办公室，就因为你的日程安排上似乎有空。

当规划你的一周时，如果你真的不确定何时做，或者，是否要完成某事，不到万不得已，请不要把它放进每日任务清单中。如果你想做某事，一般情况下，最好在一天中预先安排一个具体的时间。

最后，就"大石头"而言，你应该为每一个角色只选择一两件最重要的事情。你能做的只有那么多，所以把门槛设高，选择那些真正能使结果大不同的事情。在未来繁忙的一周里，这将增加完成这些事情的可能性。

3. **安排和组织其余的事情。**"大石头"放在安心的地方，你可以将需要做的其他重要事情安排进你的日程里，甚至是一些"小沙粒"—— 不重要，但需要做的事情，比如，洗衣服！

以上三个步骤是每周象限2规划的内容，能够确保每一周的生活都好比是图一那个富有成效的"杯子"，而非图二那个徒劳无获的"杯子"。

对于基娃来说，下面可能是一个典型的"装满沙粒"的一周：

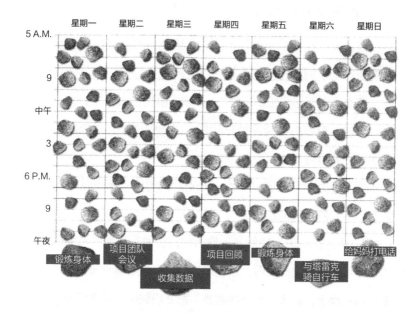

如果基娃采用象限2规划，她一周的安排可能看起来会是这样：

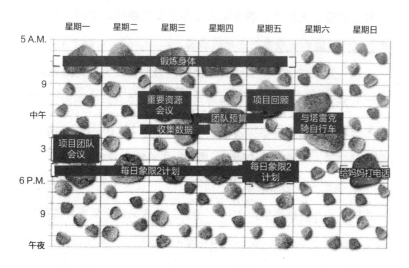

制订每日象限2规划

俗话说，计划总是赶不上变化，因此，根据每周的规划，你需要随着进展调整每日的事情。"小沙粒"大量倾入，象限1危机就会发生，甚至你象限2中要优先处理的事情也会改变，这就需要你有意识、有目的地调整每日计划，以确保重要、优先的事情无论如何也要得到实施。

为了计划新的一天，请找一个安静的地方，至少花上10分钟来回顾你刚刚过完的这一天。

1. 总结这一天。回顾一下你为刚过去的一天所安排的任务和约定，每件事都完成了吗？如果不是，那么重新再把未完成的事项安排到日程上，如果它们不再重要，把它们删除，或者留在你的主要任务清单上，并对截止日期做出一些必要的调整。该理念强调对自己的每一天负责，确保你关注最重要的事情，同时，也适当地顾及你可能删除或重新安排的事情。

在一整天中，可能有一些重要的信息、新任务、见解或想法随之而来，要确保这些信息最终放在对你来说合适的地方，以备将来使用（在选择四中还会有更多探讨）。理想的情况是，你一直都在这么做，如果你还未行动，那么，现在是时候去做了。

2. 确定一些必做的事情。问问自己："在未来的一天，我想要完成的一些必做事情是什么？""必做"的含义是指某事异常重要，以至于如果没完成它，这一天可能就不会结束。通常情况下，你要重新投入"大石头"中，也可能必须处理一些突然出现的紧急事情。

3. **安排和组织其余事情。** 围绕你必做的事情来安排其他事情。

人们往往在一天结束时操作这三步，他们觉得忙了一整天，晚上最好是放松一下，到了此时，他们知道一切都安排妥当，各就各位，可以安心地睡个好觉，因为没有一堆尚未弄清或未完成的工作时不时地浮现出来。

也有人喜欢在第二天早上开展这三步，因为经过一晚好觉的思维比忙碌了一天之后的晚上更加清晰。

有些人可能把这几步分开来做，在晚上（接近一天的结束时刻）做第一步，而把第二和第三步留至早上，那时头脑更清晰，当他们思考什么是最重要的事情时，会对此更加敏感。

怎么做在于你自己的选择，关键是要想办法让你在新的一天活动开始之前，有处于象限2思维模式的时间。否则，你会一头掉进即将出现的"沙流"之中，只能希望偶尔喘口气，做一些更重要的事情。但要实现富有成效，这可不是一个有益的方法。

使象限2规划成为习惯

什么时候会出现最具创意的想法？是睡个好觉之后的清晨，还是冲洗一天疲劳的淋浴时？在你的人生中，曾经有过最具创意的时刻吗？你的目标和重点似乎十分清楚，似乎一切都在正确的位置上。

我们猜你曾有过诸多如此感受的时刻，只是这样的时刻在你忙碌日子的冲击下转瞬即逝了。

问题是：为什么你不能更频繁地拥有这样的时刻？

我们认为，有了定期的象限2规划，你不仅可以更坚定地拥有这样明确的时刻和正确的观点，而它们实际也能成为你生活方式的一个标志。

正如我们在"选择一"这一章里所知道的，大脑可以根据我们如何利用它来进行自我重塑。倘若我们养成这样的习惯，即每日、每周发现最优先的任务，并围绕它们来组织和安排我们的生活，这样，象限2就逐渐变成一种常态思维方式，我们每一天都会有一种以象限2为中心的心态，这促使我们能更快、更冷静地应对日程之外、意想不到的变化，而不是过分紧张，因为我们有条理性并能熟练地以象限2视角，更有信心、更轻松地应对这些变化。

有人问禅师，他是如何超脱日常压力，保持宁静平和之心的。他回答说："我从未离开过我冥想的地方。"

当每日和每周花时间找到最优先事情时，我们能一整天都拥有切实有用的思维方式，即使处于狂风暴雨之中，我们也会泰然处之，不受"沙粒"洪流的影响，而这洪流可能埋葬我们最重要的优先事项。

行动小贴士

开始尝试本章的原则和实践吧，安排"大石头"，永远不给"小沙粒"分类。通过以下简单的几步，挑选出最适合你的方法。

- 根据一天三次实践"是扔在一边，还是列在清单上"这一规则，制定一个主要任务清单。当你成功地把一些事情抛在一边时，请奖励自己一个大大的击掌！

- 在头脑中回顾过去几周，确定一两个被重复设定，并能管理得更好的象限2时区模式。

- 决定何时何地安排每日和每周的象限2规划。在你的日程上，把这些规划安排成循环的象限2时区。

小　结

- 只更快地给"小沙粒"分类是永远不能获得成功的，决定什么是最重要的，在这周开始之前，把这些活动放进"杯子"里。

- 当一个可能需要着手的任务出现时，要么把它扔在一边，要么列在清单上，但绝不是留在你的脑海里！

- 象限2时区是主动安排整段时间，以帮助保护反复出现的须优先做的事情。

- 每周象限2规划的三个步骤：回顾你的角色和目标，安排"大石头"以及安排和组织其余的事情。每日象限2计划的三个步骤：总结这一天，确定一些必做之事以及安排和组织其余的事情。

- 30/10的承诺将调整你在别处所花的时间，并在每天结束时，极大地增强你的成就感。

The
5
Choices

注意力管理

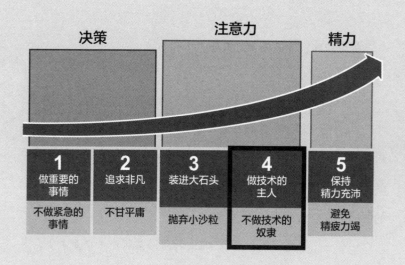

选择四

做技术的主人，不做技术的奴隶

纷纷纭纭，斗乱而不可乱也。

——孙子

1967年，未来学家赫尔曼·卡恩设想了2000年的场景，我们将面临的挑战之一是生产力技术给不断增多的休闲时间带来的影响。他认为，大多数人一周可以工作30个小时，而且每年有13周的假期（恰恰是如此），他写道：

……一个普通工人，不到50%的时间用在职业（事业）上，另外不到50%的时间用于他的副业（爱好或其他兴趣）……而且，一周还有一两天不用上班，就是为了放松。换句话说，人们有可能如同追求职业一样渴望去追求业余爱好，而且还将大量剩余时间用于其他的追求。

自赫尔曼·卡恩写下这些话以来的40多年中，人们发明了无数提高生产力的技术产品，从便签到个人电脑，从电子邮件再到视频会议、互联网、手机、短信发送、无线网络、可携带式设备，等等。这些产品显示了我们在哪里，要去哪里，而电子书、高清电视，甚至手套都能播放音乐！这样的例子不胜枚举。

但这些技术能使你更有效率吗？你有赫尔曼·卡恩所描述的那种自由和灵活的感觉吗？或者正相反，感觉自己更像是智能手机、电子邮件或平板电脑所发出的叮叮当当响声的奴隶？

技术对我们的影响

在选择一中，我们强调"做重要的事情，不做紧急的事情"，并讨论了对紧迫事情上瘾的过程。事实上，技术可使紧急事情令人成瘾的力量放大10倍。就像吸食可卡因，快克可卡因更直接刺激，比粉末状的可卡因更容易上瘾，也更危险！

由于当前的技术给我们的行动提供立时的回复，所以我们忙于回复短信和微博，并因此认为自己效率很高，但事实上我们的注意力放在了无关紧要的事情上。

更令人担心的是，我们可能错过了真正重要的事情，如建立牢固的人际关系，在重要问题上的合作，或者做一些需要深思熟虑和注意力集中的工作。因为这些事情是不可点击的，它们比不上智能手机发出的声音对大脑的刺激，但是，实际上这些事情重要得多。

最近，我们了解到有一个家庭去观看一场他们孩子参加的芭蕾舞演出。这家人一共四人，坐在靠近后排的位置上，其中三人——父亲和另外两个孩子在玩手机游戏，只有母亲仰着头看向舞台。即便灯光暗下来、演出要开始了，三个人仍盯着手机屏幕。他们调低了屏幕的亮度，低着头，继续玩，三人的脸被手机屏的光照得发亮，直到坐在身后的人要求他们关掉手机，他们才尴尬地抬起头，开始观看演出。

正如注意力缺失症专家艾德·哈洛威尔博士所说：

我们已经有一个新的嗜好，这就是对技术成瘾……你会发现人们习惯性地去接收电子邮件，就好像吸烟成瘾的人看到一盒香烟一样。

研究科学技术对家庭生活影响的专家凯瑟琳·斯坦纳·亚岱尔说：

关于家庭，我总是惊叹于一个永恒的、无可争议的事实：孩子需要父母的时间和关注……但是，现在当我们受到虚拟世界的诱惑时，这一现实可以很轻易地消失。

我们常听见这样的话："年轻人总是黏在技术上！"是的，他们是手里拿着技术产品长大的一代。但是，请思考作为成年人的我们所扮演的角色。研究表明，幼儿会因为要与智能手机和平板电脑竞争父母的爱，而经常感到孤独和沮丧。

一位中层经理人讲述了她和丈夫在四岁孩子面前使用技术产

品的故事。曾经，他们下班一回到家，就发现自己沉迷于智能手机的世界里。他们下定决心改变这种行为，因为对于他们四岁大的孩子来说，这可不是好的行为榜样，而且他们也意识到时间如梭，他们的女儿很快不再是一个婴儿了。

于是，他们制订了一个计划。他们深知癖好很难打破，所以，在前门放了一个篮子，并达成一致，一回到家就把手机放进去。这个篮子有一点儿责任追究制度的意思，因为他们的智能手机是可见的，谁拿走了，都会被注意到。

在实行这一新行为的头几天，这对年轻父母在早上出门时才拿出他们的智能手机，他们惊讶地发现，女儿的小iPod也在里面，他们并没有让她这么做，事实上，他们甚至从未和她讨论过此事，但是，她自觉地模仿了父母的行为，为了成为真正的家庭成员，她把自己的技术产品放进了篮子里。

虽然这是一个积极行为建模的例子，但是这个故事可能有黑暗的一面。孩子是在渴望引起父母的注意吗？她会觉得自己是在与智能手机竞争父母的爱吗？她把iPod放进篮子里，是希望得到父母的爱而达成的协议吗？无论答案是什么，改变技术行为意味着改变了这个家庭的游戏规则，提升了从下班回家到第二天上班这段时间的象限2精力和注意力。

对人际关系的认真关注不仅仅是为了我们的家庭。一位30来岁的男性告诉我们，当他和朋友出去吃饭时，他们都把手机放在一个篮子里，吃饭时，谁第一个拿出手机，谁就埋单。对他们来说，这是一个很棒的鼓励直接互动的方法，增进了他们的朋友关系。

化技术为工具

使技术成为你的仆人，而不是你的主人，首要一步就是思考应该如何与自己的技术产品相处，从时间矩阵模型的视角来考虑这个问题。无论是在工作，还是在家里，你在按照象限3或象限4的方式使用技术吗？你会被紧急事情诱惑而最终应对那些不重要的事情吗？你会被某款无关紧要的游戏吸引，而沉迷其中，在不知不觉中花费几个小时的时间、精力、注意力吗？很显然，这些时间本来可以用来做更重要的事情。

一旦正视自己与技术之间的关系，就能够使它们变成你强大的工具，从而帮助你进入象限2。最后，技术不是问题，问题是我们如何有意识并深思熟虑地使用它。大脑可能喜欢新奇的东西，但通过明确什么是真正重要的事情，运用意识识别技能，我们完全可以明智地使用工具，每一天都能非凡高效。

使用工具的原则

有时候我们陷入这样的想法，只要有正确的工具——合适的软件、最新款的小装置等，一切问题都将迎刃而解，这显然是一厢情愿的想法。尽管我们欣赏技术带来的省时优势，但想要过有意义的高效生活，为自己做出明智的选择，就不能把基本的权利和能力外包，没有任何外部设备可以代替我们自己的想法。

当认同"没有任何工具会自动解救我们"这一观点时，我们就会践行16世纪日本剑道家柳生宗矩所称的"第一原则"，即尽可能不受干扰，保持自己的独立性，即使面临险恶之境，也要完全集中注意力，这也意味着我们所信奉的"手中无剑"之理想状态——可以自由使用任何工具来赢得战斗。这一原则背后的含义是，当我们把眼睛只盯在某一特定工具上时，我们的心就停留在一个地方，就不能自如地移动，不能对不断出现的新情况保持警觉性。"手中无剑"很重要，因为工具和技术会随时改变，而心存"第一原则"是不会改变的，比如说下面的这个故事。

一个士兵疲惫不堪，虚乏无力，把剑也给弄丢了。他跟跟跄跄地穿过战场，看到了另一把插在地上的剑。他兴高采烈地拔出剑，却发现拿在手里的剑只剩下一半。他万念俱灰地把这把断剑扔在地上，对自己说："要是我拥有皇帝那把用黄金和最好的钢锻造的闪亮宝剑，就可以重新战斗，取得胜利！"士兵放弃了希望，怒气冲冲地离开了战场。

几分钟后，那位士兵口中的皇帝筋疲力尽地来到了这个地方，捡起了同一把剑，然而，看到这把断剑时，他兴奋地举向天空，精神为之一振，他呐喊着，重返战场，这位皇帝用一把断剑率领军队，最终反败为胜。

为什么我们用剑术打比方来谈论技术呢？因为对我们注意力的争夺就好像是一场真实而更为重要的战斗，既要用技术处理大量出现的状况，又要试图克服技术对我们的诱惑，做到这一点很难。我们需要付出真正的努力来保卫最优先的事项，把最佳的精力和注意力放到这些事情上。

在这一章里，不管你的技术产品如何，我们都会找出操作性强、非常实用的技巧和过程，让你留在象限2里。这些练习效果强大，并对结果产生更大的影响，它们之所以发挥作用，是基于象限2的思维和选择的"第一原则"。先进的技术在战斗中可以提供一定的辅助，而象限2的思维能帮助我们赢得胜利。

从信息分类做起

我们需要做的第一件事情就是使所有的信息条理化。

如果你像大多数人一样，整天被从四面八方涌来的"小沙粒"所包围：智能手机接收的信息、短信和微博，电子邮箱账户像堵住的水槽一样塞得满满的；接电话时，手边纸上的留言乱七八糟。你的工作区堆满了信件、文件和便签，你可能在手机、电脑、笔记本或任何可用的便签本上——或者在所有这些上面做记录。你想总有一天会把所有的一切都安排得井井有条，但这似乎是难以应付的混乱局面，你是怎么着手解决这一切的？

无论是我们的收件箱里有成千上万的电子邮件，还是我们的书桌上有一堆要处理的文件，这都是混乱的状态，你首先需要的是意识到这一点。

信息的四个类别

基本上有四类信息需要管理——其中的两类需要立即行动，另外两类需要归档，以备未来参考。

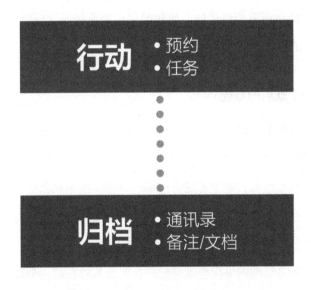

- 预约。在未来某一时刻，你需要做的事情。

- 任务。你需要做，但还没有安排的事情。

- 通讯录。与你有联系的人们的信息。

- 备注/文档。你想要跟踪的记录，但不属于以上三类的其他信息。

我们把这四类称为四个核心，解决混乱无序的第一步是学习按照这四类来看待不断涌入的信息，接着创建一个系统来管理重要的信息，这样才能够准确地知道何时何地如何找到它。"如何做"取决于你所采用的系统，但是我们推荐"专注理论"（一次只确定一个目标）作为指导原则。

这就意味着要有一份主要任务清单、一个日程安排、一份通讯录和一个备注或文档系统。只要坚持"四个核心"的管理原则，这个系统是可以个性化的，比如把自己的系统设计成纸质化的、数字化的，或两者相结合。

基于纸质的系统

在这么多好用的电子产品普及之前，人们就已经学会了富兰克林柯维公司的时间管理方法，在经典的纸质富兰克林时间管理系统文具本里面，有主要任务清单、日程、通讯录和记事页，有些人现在依然在用。在电子时代里使用纸质系统，不必为此感到不好意思！

纸质系统的明显优势就是把所有事情都放在同一个地方，它便于携带，对一些喜欢把事情记下来、使信息有形化和模拟化的人们来说，这种系统更有吸引力，这无可厚非。

纸质系统的缺点是它不与任何东西相连，这意味着你不能仅仅通过点击一个按钮来收集信息或接受预约，而且没有备份，把它弄丢了，你甚至会遭受严重的损失。

如今，太多的通讯和信息以电话、短信、微博、邮件的数字化方式发给我们，新信息飞快地涌入，需要做很多工作才能真正地把四个核心转换成纸质的，但这是能够做到的。

如果你喜欢用纸质版本，你会更高效，而如果你把所有的事情都记在一个笔记本里，而不是把它们写在任何一张碰巧在身边的纸上，那么你遇到的棘手局面就会越来越少。为了使纸质系统在安排四个核心时发挥效果，首要的规则就是"把一切放在一个地方"。

数字化的系统

另一个极端是把所有的关键信息都进行数字化保存，如果这样，就要遵循"把一切放在任何地方"的原则。这意味着四个核心在一个系统中，不管你在哪里，该系统自始至终允许你访问所有的电子设备。

例如，你曾经输入一个朋友的联系方式，那么通过网络访问，从你的智能手机、平板电脑、笔记本电脑或其他任何联网的电脑上，能够立即查到这个信息。这一信息本身将被存储在服务器上（存储云），只要你与互联网连接，就能在任何地方访问它。

这种方法的优势是，不管身边有哪种电子设备，你都可以访问你的重要信息。这个信息是以二进制位来存储的，而不是记录在纸上，这也意味着基本上可以按照历史年份无限地存储信息，只要按一下按钮，存储的数据就可供你使用。它还很容易接收以数字形式传入的信息并很快提交，这通常是更安全的，而且还提供即时备份，即使你弄丢了一个电子设备，你全部的关键信息仍然是可以获取的。最后，当你与他人互动和交流时，它可以使你更容易地使用这些信息。

这种系统的缺点是，不断涌入的数字化"小沙粒"很容易堆积如山。如果你不保持清醒，目标不明确，这些系统会加快不可阻挡信息流的速度，把你活活埋葬。最终，你创建了一个杂乱无章的数字荒地，令你窒息，而非帮你保持在象限2中。

如果你特别高效，你需要仔细想想自己的装置和四个核心，以确保创建了一个简洁的系统，而该系统不会随意产生冗余。如果可能的话，确保四个核心中的每一类都有一个单一的系统，可以与你所有的设备都同步。请购买你喜欢的任何技术产品，但要保持警觉。

例如，如果主要任务清单是在电脑上，就不要盲目地开始录入智能手机上的次要任务清单（只因为它在手机上）。相反，下载一个应用程序使这两个设备的信息同步，这样只要你进入一次，就能使它无缝对接出现在这两个地方，有很多应用程序能做到这一点。只需你找到一个自己喜欢的应用程序，并严格地把你所有的任务放进这个系统里，很快，这将成为你的习惯，同样的原则也适用于四个核心中的每一类信息。

让我们来看看马丁，一位销售人员，拥有智能手机、平板和笔记本电脑。他订阅了云文件分享服务，让所有的设备都可以访问他所记录的重要笔记和文档。这一服务提供全功能的应用程序，可以在他所有的设备上运行，比如，如果在一个设备上修改一份文档，修订版可以立即上传到云端，使每一个设备都能访问。他的日程、通讯录和主要任务表也被存储在云端，在任何设备上都能看到并更新它们。通过三个精心挑选的软件服务，他就能实现"把一切放在任何设备上"的原则。

为了把精力都集中在象限2上，马丁以不同的角色给自己的预约、任务和备注进行分类，这样他能够明确地关注重要的活动和事情。由于马丁是一名销售人员，需要主动管理他的工作通讯录，他把通讯录分为两类：工作和私人。

我们知道，并不是每个人都能像马丁一样独立地选择各种服务。当你设计自己的系统时，你应该熟悉你公司的信息技术方针。你可能被要求使用一个公司平台，像微软交换服务器软件、谷歌或一些其他软件。在一些情况下，你公司的信息技术方针可能便于你所有设备系统的信息同步，而有时候，你可能要面临一系列的防火墙、安全措施等，这些可能限制你与这些系统保持同步，很多人甚至只要不在办公室就不准访问他们的工作系统。我们也听到很多人说："无论怎样，我都不想把我私事和公事混为一谈！"

所以，现在你要做什么？

如果你可以一天24个小时访问你公司的系统，但是担心把工作与个人信息混在一起，下面是一些不错的选择。

• 一些系统允许你在共享日历上给个人资料（如私人的任务和预约）做标志，只有你能看到上面的详细信息。这样，你就可以安排时间去看医生或打扫车库，而其他人仅仅能看到这个时区是私人的。

- 如果这么做让你不舒服，你可以做两套完全分开的四个核心——一个是个人的，另一个是工作的。你仍然按照"专注理论"（一次只确定一个目标）来做，因为工作的四个核心在一个系统里，而个人的四个核心在另外一个系统。然而，如果把工作和个人事情以此方式分开，需要遵循一个原则：永远不要把这两个系统混合！坚持你建立的原则。如果你自满起来，为了图方便，把个人任务（例如购买门票）放进了你的工作任务清单里，然后你就把它抛到脑后，当你把脚放在桌子上放松时，却发现麻烦大了，因为你错过了买票的机会，真不走运！

- 独立的两组四个核心法也可以解决访问的难题，如果你不能访问或者获得平板电脑和智能手机上的工作系统的验证，就能轻松地把个人和工作的四个核心分开，（再一次）意识到永远不该把这两个系统放在一起。

为了建立你的个人系统，有许多云服务可以用于管理四个核心中的一个，甚至几个不同部分。你可以到应用程序商店里下载任何软件，搜索如任务或备注等事项。其中的一些服务已经在你的设备上，并被设计成与其他设备同步。关键是要知道它们的存在，并仔细选择其中最好的服务，让你在任何设备上都能访问这一切。

我们还建议你找的是一家历史较长的服务商，这样你就能确信，在未来日子里该系统会给你提供重要的信息支持。

混合的方法

在管理四个核心时，理想的状态是四个核心中的每一个核心都有一个系统，然而，这并不意味着把所有的四个核心都放在一个纸质的计划本里，或全部放在一个数字化的系统里。只要每一个核心都有一个系统，你就可以选择混合系统。可以选择让日程和通讯录数字化，因为它很容易跨设备同步，而把任务清单和关键的备注列在纸质的笔记本上。

使用哪一套系统并不重要，只要它适合你，而你能遵循原则使之条理化，也就是说，它可以提高你专注于象限2的能力。

信息分类评估

例如，雪莉花时间弄清楚她在哪里保存自己的四个核心信息，下面是她的发现。

• **预约**。她把私人约会记在钱包里一个纸质的小日历本上，把工作安排放在公司的电脑系统上，这就违反了专注理论，可能导致双日程，并错过每周象限2规划中即将到来的重要约会，因为她通常只在工作时访问这个系统。有时，她在纸质日历上写下重要的工作安排，但因为不喜欢做复式记录，所以她的两个日程最终都不完整。

• **任务**。她把这些写在纸质计划本的任务清单上，这是"专注理论"的很好运用，但是雪莉发现她没有利用好数字化任务管理的优势。

- **联系人**。她有两组联系人，一组是私人和公司联系人清单，在她的手机上，另一组仅仅是公司联系人清单，在她的电脑上。但由于这两个系统不同步，总会有公司重复或过时联系人的信息出现在她的手机里。

- **备注/文档**。她把记事本和其他文件里所记录的备注，都存储在她的电脑里，对此，她很满意。

思考之后，雪莉创建了一个集成系统来更好地帮助她管理这四个核心，以下是她所做的。

- **预约**。与IT部门沟通之后，雪莉发现她的手机通过设置可以轻松地查看公司信息和个人信息，无论她去哪里，都能够完整地查看到日程，她把个人日程上传至一个在线服务器上，随时、完整地查看日程。

- **任务**。她发现一个简单的应用程序软件能把所有的任务数字化，并以统一的模式被查阅。她仍然把工作和私人任务分成独立的两类，但它们出现在同一程序里，这就很好地运用了专注理论。

- **联系人**。同一个修复包能够帮助她统一日程，也能够帮助她统一通讯录，她从手机上清除掉公司的联系人，只保留了私人通讯录。

- **备注/文档**。因为喜欢在纸上记笔记，而且还没有找到她喜欢的电子解决方案，因而基本保留她的记事系统。私人记事写在她的笔记本上，但大的电子文档全部存在她的电脑里。

以下就是她的系统现状：

纸质	电子		
	移动电话	平板电脑	笔记本电脑/台式机
预约	✔		✔
任务	✔		✔
联系人	✔		✔
备注/文档　个人备注			大型文档

　　仅做了几处改变，雪莉就拥有了一个更综合的系统来管理全部信息，使用专注理论作为她的指导原则，现在她的预约、任务、手机和笔记本电脑同步，关键信息对她生活中所扮演的所有角色都是有价值的。现在她还没有平板电脑，但是她一直在想在自己生日那天买一台。她知道，有了平板，只需要做一些设置，就能把所有信息都即时保存在电脑上。正如组织专家朱莉·莫根施特恩所说："整个核心就是花时间去评估你所拥有的，并把每个事项放到唯一的、固定的地方。"

制订象限2流程图

　　因为有一个使四个核心信息条理化的可靠系统，你现在可以使用象限2流程图。此图显示，到目前为止所有你学到的内容如何整合在一起，以助你赢得这场"每日信息流"的战斗。它展示了如何利用你的技术产品，把注意力和精力集中在象限2中的重要活动上，下面是象限2流程图的基本版本。

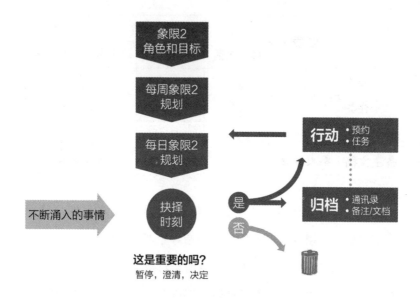

中间栏显示了如何根据象限2的角色和目标来制订每周象限2规划和每日象限2规划，并在抉择时刻祝你一臂之力。如果这是生活的全部，按计划进行，我们就不再需要什么了。

但是左边那个箭头，代表着不可阻挡、不断涌入的信息、任务、预约和请求，它们要占用你的时间、注意力和精力，其中也包括大好的机会和将要做的高回报决定。

垂直栏与涌入的信息流汇集在抉择时刻，真实上演了争夺我们最佳注意力和精力的战争。在抉择时刻，我们暂停、澄清并决定，以便在所有涌入的电子邮件、短信、电话、任务以及各种人情事故中，辨别什么是真正重要的，从而处理象限2里重要的优先事情，而不理会那些不重要的事情。

如果涌入的事情不重要，意味着它是象限3或象限4中的活动，那么它就会沿着箭头向下，进入垃圾桶里，不值得我们去考虑，因为我们不想把宝贵的时间、注意力和精力花在这种事情上。

如果涌入的事情很重要，那么它属于象限1和象限2，可以用已经建立的系统来管理四个核心信息！

* 如果它是一个约会或任务，需要你采取行动，那就要么在日历上标上预约，要么记入你的主要任务清单上。

* 对于无须立即采取行动、但以后会被引用的信息，如一条联系人记录或备注/文档，你应该把它归类，放进无论是电子或纸质的适当位置里。

有这样一个系统，我们就能清楚信息放在何处，必要时，可以访问它，而每周和每日象限2规划时可自动使用它，这就确保当处于一个反思和理性的象限2规划模式时，能够使最重要的信息条理化，在某种程度上，这将有助于我们把"大石头"放进日程表里。加强自我强化规划和组织系统，提高每次抉择时刻的辨别能力，每天就不会为了争夺时间、注意力和精力而牺牲掉重要的事情。

处理信息的三大招式

既然了解了基本象限2流程图的重要流程，我们在其底部再添加三部分，以创建完整的象限2流程图（见下页）。当你处理不断

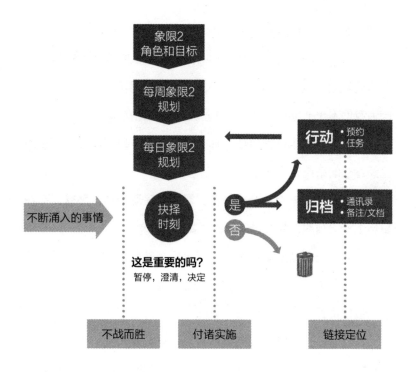

涌入的事情并安排四个核心时，这三大招式可以帮你利用技术系统的特性，大大提高其有效性。

术语"招式"也来自于武术，尤其是美国的肯波空手道，它描述的是基本的移步或以下的理念，即如果学艺精湛，稍加调整就可以运用到很多情况里。武术教学强调的是，精通一个理念就等于学会了一千个招式，或者，如日本剑术家宫本武藏所说："一物知万物。"

正如80/20法则——一些想法能给你带来意想不到的好结果，我们在象限2流程图里精心挑选了三大招式，如果能学以致用，就会极大地提高你获胜的机会。

我们讨论这些招式时，把重点放在了现今商界最具挑战性的需要做出抉择的事情之一——收件箱里接踵而来的电子邮件。然而，如果你学习这些招式背后的原则，就能以很多方法使用这些原则，并把它们应用到各种技术中去，而这些技术正是信息传输的媒介，根据不同的情况，或是短信，或是社交媒体，或是信息传送应用程序，甚至是现实中的人。

招式1：不战而胜

在象限2流程图里，"不战而胜"这一招式位于接踵而来的事情与抉择时刻之间。

目前，全世界每天有超过1960亿封电子邮件发送和接收，在一个普通的工作日中，个人平均发送和接收121封电子邮件，据预测，这个数字只会不断上升。处理邮件的关键是，切忌让收件箱令你每天疲于应付，而应让其成为一个极富动力的引擎。

下面是关于电子邮件的重要范例转变。你的电子邮件不仅仅是一堆消息，在现实中，每一个邮件都意味着一个抉择。我们在第1章讲过，21世纪对于知识工人最普遍的问题之一就是整天做出决定的数量很多。当我们忙于删除、移动或被诱惑地忙于回复邮件时，我们正浪费着宝贵的精力，而这些精力本可以被更好地运用在其他地方。

"不战而胜"是基于自动化的原则，其目的是尽可能自动准确地做出这些决策，这样我们的大脑就无须在单调、无用或不必要的事情上消耗能量。

自动处理电子邮件的最强大方法之一就是掌握规则或掌握电子邮件程序的过滤功能，规则或过滤功能可以自动把许多不必要的电子邮件在到达收件箱之前，就被放进你想让它们去的地方！

例如，可以设置自动规则：

- 通过垃圾邮件过滤功能，删除垃圾邮件。
- 删除无关紧要或与你无关的邮件。
- 优化邮件抄送列表和全部回复功能。
- 突出显示来自重要人物的邮件，比如你的老板、配偶、重要的团队成员，等等。
- 把关键参考文档、行业期刊以及诸如此类的信息，移到相关的文件夹里，以备日后审阅。
- 把时效性不强的电子邮件从特定的一组用户（比如，你不认识的人）移到顾客文件夹里，以备日后审阅。
- 转发具体邮件（比如报告）给其他人。
- 给具体发送人自动回复邮件，让他们知道你是否外出，或设置有关何时回复的日期。
- 邮件可以复制到不同的位置。

当然，应该意识到所有公司的指导方针都会管理如何处理和删除电子邮件，但是用象限2的时间来确定这些规则，可以为你以后节省无数时间。例如，你每天收到100封新邮件，它们中有多少是重要的？让我们做以下假设：

- 它们中的30封（30%）是至关重要的，需要你马上关注。

- 它们中的40封（40%）是重要的，但不需要立即去做（报告、抄送件、项目进展状况等）。

- 它们中的30封（30%）是浪费时间，完全不应该在那里（垃圾邮件和其他不重要的事情）。

再假设平均需要15秒钟来决定如何处理每封电子邮件，这意味每天要花25分钟把收到的电子邮件简单分类。那么，每周的五天工作日中就有两个小时是浪费在分类上，而实际没有做任何事情。

让我们面对现实吧。实际上，从一开始阅读电子邮件时，你就给大脑输入各种各样的问题，邮件看了又看，有时无法确定是否回复，于是你阅读下一封邮件，把之前的放在一边，想着以后再决定或再行动。随着时间的推移，收件箱里堆积了数百封不确定以及完成进度不同的电子邮件，这就是整天让你心里颇有压力的源头。

但是，如果建立了一些规则，可以准确地丢弃不应该在邮箱中30%的邮件，自动处理好重要但不紧急的40%，突出关键的30%，那么你将拥有一个完全不一样的邮件体验。

首先，你甚至不会看到一堆东西，因为它们已经被自动删除或归档，这会使你重新利用曾经浪费在给电子邮件简单分类上的两个小时。

其次，你可以很容易地把注意力直接放在你所知的可能重要的信息上面，因为规则帮你快速识别。

我们的一位用户称，当把"不战而胜"招式应用到自己的收件箱之后，他去度了几天假，没有查看邮件。回来后，他坐在办公桌旁，深吸了一口气，打开了电子邮箱，战战兢兢地点击"发送—接收"按钮。接下来发生的事情对他来说简直就是一个奇迹，他说他看到大约300封邮件涌入，但与此同时，他观察到其中有80封邮件消失了，多亏了"不战而胜"这个招式。一想到有很多时间和精力不得不用在处理这多余的80封电子邮件上时，他内心就不由得发出了感慨。所有的决定已经预先做好，他不再需要花费脑力，甚至可以把假期的兴奋劲多保持一会儿，因为他抓住了需要他真正注意的重要事情。

管理电子邮件的最佳方法之一就是——象限2时区，抽出某段象限2时间查看一整天的电子邮件。这样，你只需几个小时查看一次，而不用几分钟查看一次。研究表明，工作时，每被打断一次，你就需要很长的时间重新集中注意力。运用该规则，你可以专注于工作，在合适的时间，抬起头，看看是否有重要的事情进来，而不会因为在忙碌中收到30封电子邮件而把自己搞得心烦意乱。

电子邮件时区可能并不适用于所有人。有些人所处的位置是"如果老板需要我，我就必须马上照办"。大多数技术有特色服务，能凸显需要回复的重要人物。你需要在屏幕上显示你为老板、配偶或伴侣设定的一种颜色、一个声音或一个特殊标签吗？设置规则，以便把注意力和精力放在手头上的项目上，不用时刻担心错过一些重要人物发来的东西。

仔细筛选属于优先级别的人，你需要立即回复的最多不要超过三位，否则，会有一堆乱摊子，使你回到起点——完全分心和受干扰。

想想如何利用电子邮件的规则功能来达到"不战而胜"的效果，你可能发现自己从来没有设置任何规则，甚至不知道你可以这么做。

- 你设置了一些规则，但还没有让它们运行起来。

- 你设置了一些规则，并意识到你可以使更多的电子邮件自动化。

- 你有一整套很好的规则，并积极维护它，该套规则帮你节省了大量的时间、注意力和精力，你是一名整理收件箱的高手。

这一系统并不难设置，只需30分钟的象限2时间，就可以建立一个规则系统，并在一两天之后，它就能帮你节省大量时间，之后，就等着从节省下来的时间、注意力和精力中不断受益了。

一旦设置规则或邮件过滤系统，就应该有意识地使它正常运转起来。通过象限视角来不断辨别你的新信息，寻找自动化模式和优化排序的机会。当你找到合适的自动化模式时，只需花一两秒钟来为信息制定一个规则，那么，从那时起，这些信息就能被迅速地处理。

如果目前你的收件箱完全像一场灾难，塞满了几百甚至几千封邮件，而你根不知道从哪里下手整理，那么请看本章后面的内容。

正如上文已经讨论过的，我们关注电子收件箱，是因为对于在公司或者其他机构工作的人们来说，这是一个共同的挑战，然而，"不战而胜"原则可以适用于许多技术和环境之中。

• 你可以在手机上为几个最重要的关系伙伴设置独立的不同铃声，而其他的关系人物则采用另外一种铃声。当收到一个短信或电话时，根据不同铃声做出相应的反应。当然，也可以不给一些号码设置响铃，由它们直接进入你的语音信箱。这时，你已经决定在工作时接听谁的电话，不接听谁的电话。这样，使注意力和大脑细胞专注于手头的重要任务。

• 如果有人选，你可以把任务委托给他，这也可被视为另一种形式的自动化。当你的团队有人更适合处理它们时，你可以放手去做一些更有价值的事情，你还会事无巨细地费力做决定吗？花一些时间帮助他人更好地处理可能找到你的事情，就提前把这些事情从你的收件箱自动移走了，同时又帮助了他们在工作中成长。

• 如果你很幸运，有自己的助理，将对工作有极大的帮助。那个人在工作中表现得越好、越被信任，你需要看的东西就越少，至少你会发现事情排序得当，井井有条。这一授权让助理自主地处理事情，防止事情挤满你有限的精神收件箱。

让我们用一则著名的日本寓言来结束不战而胜这一招式吧。

一天，一名年轻的武士发现自己与全日本知名的传奇剑客在同一渡轮上。他急于证明自己，找到这位大师，要与之决斗。他自信满满地向大师挑战："今日一战，不是你死，就是我亡！"

大师并没有回应，因为之前已经面对过许多类似的挑战者，他厌倦了无用的搏斗。

但是，年轻的武士被激怒了，他更大声地喊道："现在就来和我决斗，生死存亡，就在今天！"

最后没有办法，这位大师只好起身说："我接受你的挑战，但是还有其他人在船上，决斗可能伤及无辜。让我们去那个岛，这样就能随心所欲地比武了。"

年轻的武士接收了这个提议，一路上，他始终站在船舵旁。当渡船靠近小岛的时候，大师大方地请年轻的武士先下船，紧接着让船迅速掉头离开了小岛，把愚笨的年轻武士留在了岛上。

每天，我们不得不面对许多竭力使我们离开象限2的烦心事，其实有许多是我们完全不需要去理会的。如果你很明智，就能不战而胜，把这些事情留在那个"岛"上，而继续向前，做更重要的事情。知道哪些"战斗"是我们可以不加理睬的，设置自动系统来防止它们分散我们的注意力，妨碍我们达到更高的目的，这就是招式1的本质。

引用军事战略家孙子的经典之语："兵法的最高境界就是不战而屈人之兵。"

招式2：要事优先

既然已经自动处理了一定比例的不必要的事情，我们就可以进入下一步招式——要事优先，其位于象限2流程图中抉择时刻之后，目标是删除收件箱内规则或邮件过滤系统没有处理掉的属于象限3和象限4的邮件，以便有效地管理属于象限1和象限2的邮件。

对许多人来说，这项工作仍意味着要面对大量的，甚至是压倒性数量的电子邮件。搞定它们，不仅能提高你的工作效率，对你的健康也是至关重要的。最近一次研究发现，电子邮件可以增加压力的生理指标，包括高血压、心率和激素皮质醇水平，有趣的是，研究还发现：

那些无关紧要的、干扰工作或者要求立即回复的电子邮件格外耗费精力，但是收到告知工作已完成的邮件回复能使人平静。把邮件归类放进文件夹也能降低压力水平，增加幸福感，因为它会使人感到一切可以控制。

今天，花点时间评估如何管理电子邮箱，下面这些情况听起来是不是很熟悉？

• 看到一封电子邮件，说"我会以后看它"，却把邮件移走，再也没读。

• 将一封新邮件标记为未读，以便晚些时候再处理它。

• 我把邮件移到子文件夹中，以保持收件箱的干净，却担心是否真的做了应该做的事情，例如，老板的邮件。

- 我把电子邮件要做的事情打印出来，堆成一摞放在书桌上，以备改天来看。

- 我把收件箱作为归档系统，存放所有的邮件。需要查找旧邮件时，我会使用搜索功能。只希望在这一过程中，我没有错过什么重要的事情。

- 当老板打电话说"你收到我的邮件了吗"，我十分恐慌，疯狂地滚动鼠标在一堆邮件里找这封邮件。

- 我总是会感到不安，因为我的收件箱乱七八糟。

- 我的生活基本上远离收件箱。

现在，你的邮箱里有多少封电子邮件，包括已读和未读的？几百封？几千封？一些公司已经开始每30或60天就自动清空员工的收件箱，因为占用服务器的空间太大。这听起来很可怕，但它迫使人们清理收件箱，在大删除之前就把有用的东西归档保存起来。尽管归档是个好办法，但是归档成百上千封的电子邮件仍然是很难应对的，无法帮助你完成正确的事情。

为理解招式2，需要知道每封邮件是由四个核心里的一个核心还是多个核心构成，这四个核心分别是预约、任务、联系人和备注/文档。当戴着这副新"眼镜"查看每一封电子邮件时，你就意识到该电子邮件的信息在四个核心系统中有它应该去的地方。

例如，一封典型的电子邮件是这样的：

寄给：杰米

抄送：托马索

发信人：清美

主题：下周的会议

杰米：

见到你很高兴。我期待下周会面，熟悉新项目的详细情况。请你和你的团队查收一下附件，确保巴西和阿根廷的结果是正确的。下周周末之前，请回复。

谢谢！

清美

<<附件>>

收到这封电子邮件后，许多人会很快地浏览，然后把它和其他邮件一起留在收件箱里，以便回头再找。

现在花一分钟，看看你是否能为杰米把上面的电子邮件分解成四个核心。这封邮件代表了哪几类的信息？

- **预约**：杰米需要安排一次与他团队的会议来核实巴西和阿根廷的结果。
- **任务**：杰米需要在与其团队碰面前，核实一下数字。
- **联系人**：清美是新成员，因此杰米需要存储联系人信息。
- **备注/文档**：杰米需要把附件的文档保存起来，以备日后查阅。

一旦你确定了每一个核心信息，请立即着手去做，把它从你的收件箱中移走，基本的规则就是"只接触一次"，具体步骤如下。

首先，把预约添加到你的日程里。如果你使用的程序有强大的功能，如Outlook、谷歌或IBM Notes，那么就很容易做到这点。在许多情况下，只要单击一下按钮，就可以开会，并把它记录在你和其他人的日程里，通常，聊天记录甚至是附件都会随着记录下来，这就更容易把它从收件箱里移出。

接下来，杰米需要在与团队碰面之前把数字核实一下。这是一项任务，通过拖动、发送，或点击系统的菜单项，可以把电子邮件变成一项任务，放进主要任务清单里。在大多数情况下，你可以给任务设置一个启动日期和截止日期，并设定优先次序。

创建任务时，我们强烈建议使用一个动作动词作为启动任务的标题。我们的任务清单很长，着手处理时，如果只是标记"巴西数字"，我们可能不记得应该怎么处理这些数字，而使用动作动词就会使任务具体化，如，"核实巴西和阿根廷的数字。"

接下来，杰米还没有保存清美的联系信息。很多时候我们看到人们剪切和粘贴一个新的联系方式，事实上，系统可能带有易操作的菜单项，能立即将发送人变成联系人，不用你再做什么，就能将其添加到联系人区域里。无论采用哪种方法，都可以把该信息保存到你的联系人系统里。

最后，还需要把文档存储在备注/文档的电子系统里，以便需要的时候找到它（我们将在招式3中展示一些更强大的方法）。

至此，我们已经运用四个核心原则把这封邮件付诸了实施，就可以自信地把它删除了！

因为你一直有意地把事情付诸实施，所以什么也没有丢失。一切都井井有条，当时机成熟时，一切便水到渠成。这有助于清理收件箱，并带来更加平和的心境，使你待在重要但不紧急的象限2模式里。另外，当象限1危机出现时，你将做好更充分的准备来处理它们，因为万事俱备，你不会措手不及。

拥有条理有序的收件箱会使你的思维也有条理，没有什么比看到消息数量只剩几条，知道一切都各归其所能让人更加平和的了。

但要小心，不要在另一个方向走得太远，切忌将每件事情都生搬硬套至四个核心，否则你就会停留在象限3和象限4里。如果能够立刻删除一封电子邮件，就不要给它归类。使用"5秒钟规则"，即能立即处理或对某个问题做出快速反应的，就立刻这样做，特别是如果你已留出时间清理收件箱。在该过程中，要保持清醒，这样就不会迷失在任何个别的事项中。如果需要更长的时间，那么就将其归入四个核心，以备日后查找。

因为这一招能帮我们把重要的信息放在一个有条理的系统中，当进行每周和每日象限2规划时，我们可以轻松地知道需要做什么。我们有一个完美的主要任务清单，把重要的预约记在日程上，而且知道我们重要的联系人方式、笔记和文件所在的地方。因此，我们能够做出深思熟虑的准确选择，并把注意力集中在"大石头"上。

前两招共同作用，给我们的许多客户带来了脱胎换骨的改变。一位客户说道：

我对学到的所有关于收件箱和日程安排的新鲜事物都很投入，

花了周五一晚上的时间来整理。就在刚才，我把收件箱里的19000多封电子邮件归零！我制定了规则，整理了文件和子文件。条理化让我感到特别幸福，以前我竟然浑然不知，每天早上收件箱都使我非常紧张。

另一位说：

清除我的7500封电子邮件是一件神奇的事情，但是我想让你们知道，在你们在线研讨会两周之后，我的收件箱里只有一封邮件——并且我认为一封也太多了！我从没如这般长久地掌控一切，我简直不敢想象过去的日子。

一旦理解了前两招的作用，你就会让收件箱为你服务，而不是被它所累。另外，如果有一个系统，如Outlook、谷歌，或是IBM Notes，那么就能够集电子邮件、日程表和任务清单于一身，这让第二招更易于操作。

掌握了招式2"要事优先"，你可能欢迎人们给你发送电子邮件，这样就可以运用招式2加以处理，例如，

• 如果有人当面询问你和融资合作伙伴是否可以参加明天早上的会议，你可能让他给你发一封有具体细节的电子邮件或会议邀请，以便在日程上看到这些事情。

• 如果有人与你一起共进午餐，询问你是否有时间为她审核一下研究项目，你同意了，让她给你发一封电子邮件，在附件里附上文档，以便把它变成一项任务。

练习这招时，你开始将所有接踵而来的事情归类，无论是否

使用技术，你对一切的自然反应就是要事优先。例如，

- 你收到短信，让你在回家的路上，买一些牛奶和新鲜的面包，你立即把它加到任务清单中。如果它是电子的，你甚至可以设置提示，这样就会度过一个愉快的夜晚！

- 你看到广告牌中有一部关于即将在本地上演的新音乐剧的介绍，这是一部你一直想看的音乐剧，不要仅仅把这些信息记在脑子里，要把它记到你的主要任务清单上！

- 你偶然发现一些食谱，觉得某一天可能用得到。把它们记在你的备注里，而不是把它们记在厨房橱柜里的一堆废纸里，那样就再也找不到了。

这招式的要点是，由于有一个完善的系统来处理四个核心，当遇到重要的信息时，需要稍等一下再把它放入系统里，这样它就能成为象限2规划过程的一部分，必要时就能找到它。

招式3：链接定位

你曾经因为手忙脚乱地翻找所需资料而开会迟到过吗？或者你曾经抽出两个小时来做项目，却把前半个小时的时间全用在查找有关信息上？

当你忙着寻找信息时，你是在哪个象限呢？一般来说，你在强加给自己的象限1里。我们的时间应该做有更高价值的事情，那就可以用"链接定位"这一招帮你解决。

此招式的目的是看到信息的关联性，尽可能提前主动地连接

四个核心资源，不必以后再去搜索它们，这是基于事先准备的原则，在大多数情况下，花不了多长时间。

尽管许多搜索功能对数字信息的处理已经非常有效，但是关键信息越具条理性和关联性，找不到所需信息的风险就越小，自信心就越强，注意力就可以越早专注于手头上的重要工作。另外，搜索功能不会干扰纸上的信息！

可通过如下链接：

- 插入实际文件。

- 插入一个有效的超链接。

- 创建一个基于文本的链接。

下面是一些实际操作的例子：

- 约翰在几周后有个会议，他知道需要为该会议准备一份报告。因此，开会之前，他便把那些电子文档放到了日程表的预约里，开会时只需点击，信息就会弹出。

- 如果放入预约里约翰还担心，那么他可以创建一个有效的超链接到备用文档，存储在硬盘里。一旦他点击，就会打开原来的文件。同样，他也可以复制和粘贴一个超链接到他在网络上读过的一篇与会议相关的文章，以丰富报告内容。

- 假设约翰有一个纸质系统，或需要带一些不在硬盘或网络上的其他文件，他可以使用基于文本的链接来提醒他所需东西以及所存放的地方。换句话说，他在预约主体里可以打出一条如下的参考信息：

〈市场营销文件/季度报告/市场定价报告〉

这条参考内容提醒有关这次会议的信息，告知他该信息（市场营销文件/季度报告）是什么和在何处，以及他正在寻找的最终文档名（市场定价报告）。这一格式类似于一个可以连接到互联网上的超链接标签或在浏览器顶部可能见到的网址，唯一的区别就是，它是约翰打字输入的，不能点击检索。

你可以使用任何的格式，原则就是提前把材料放在一起，这样以后记不清时，也无须搜索。

这一技巧有很多形式，例如：

• 如果你要开一次小组会议，有份文档是每个人都要看的，请一定将其带到会议上。那样，每个人都容易拿到它，不会有人再来向你索要。

• 如果你被邀请去参加一个小组会议，想带一些私人文件去，你可以同时创建另一份只显示在日程上的平行预约，标上"会议文档"标签，在会议上自行阅读。

• 在服务器上，你可能有一份与人共享并不断被更新的财务报告，为每周团队例会提供参考。创建链接到此文档，并把它放进重复预约里，这样，每周仅需点击链接，就可以看到最新的数据。

添加的链接数量完全取决于你，关键是不要痴迷于链接，把它变成一项象限4活动，而要主动创建一些精心挑选的参考信息，为你的活动提供辅助。

很多应用软件已经在使用各式各样的标签来链接和整合信息，

你也可以使用标签这一功能键来建立链接。

比如，你的电子设备中有一个自带标签功能的应用程序，可以记录信息和管理文件，那你就可以轻松地创建一系列的标签把与市场营销会议有关的信息连接起来，这样，你想要举手可得的任何关于市场营销会议的笔记都可以被标记为"市场营销会议"。也就是说，无论这些文件被保存在哪个文件夹下，你只要输入标签名称，所有文件都会显现在你面前。根据你的应用程序和偏好的不同，你还可以用主题标签符号来提示自己的系统中有标签文件，比如，〈市场营销会议〉或只写明"市场营销会议"就可以了。

说到这里，我们又回到了"手中无剑"这个概念。无论科技怎样变化，大师都可以一直赢得这场战争的胜利，因为他/她懂得如何掌控基本的理念和原则，至于具体使用的工具或科技反而在其次。

从收件箱排毒入手

那么你应该从哪里开始呢？你或许在想："我有上千封电子邮件，想要全部处理完简直是不可能的！"如果你感觉自己正被收件箱中无数的邮件压得喘不过气来，那就是采取一些极端措施的时候了，下面介绍的三步法可以让你再次掌握主动，重新开始。这个方法仅仅需要两个小时，且比你想象的要简单易行，却绝对行之有效。

第一步：在收件箱下创建一个名为"排毒"的子文件夹。

第二步：留下最新的200封电子邮件，将剩余部分全部转移到"排毒"文件夹中，这时候，你的收件箱里就只有200封邮件了。

第三步：浏览这200封邮件，然后做出决定：

- 删除。

- 设立具体处理这些邮件的原则。

- 将邮件归类为待用的约定、任务、联系人或者笔记，然后删除邮件！

- 如果你可以在一分钟之内处理完一封邮件，也可以选择对它进行回复。

整理这200封电子邮件应该不会花费太久，因为除了那些可以在一分钟之内处理完的邮件，其他的你只是进行了简单归类，并没有真正地付诸行动。通过上文的三步法，你已经清空了收件箱，并制定出保持收件箱整洁的基本策略。

万一你需要去"排毒"子文件夹中找一封邮件，也可以轻松地找到它，因为你已经把它提前放进来了！但在多数情况下，你并不需要经常去"排毒"文件夹寻找邮件。现在，你的收件箱已经清空了，可以重新开始了！

为了保证这个方法的长期效力，你需要制订计划按时对邮件进行整合，并在整理邮件时及时针对不同信息设定新的处理方案。如此，你很快就会拥有一个高效运行且井井有条的收件箱了。

如果你所在组织想要赢得邮件这场战役的最终胜利，最好的方法是针对邮件及其他通讯形式制定基本的协议。如果你是领导者，这一点就尤为关键，当然，如果你只是普通员工，依然可以通过自己的影响力来改变你的团队甚至组织的工作氛围。

例如，你和你的同事是否因为需要回复所有邮件而感到疲惫不堪？不知何故，世界上好像充斥着盲目回复邮件的问题。还有抄送邮件的问题，你是否感到自己的名字出现在公司的每一个抄送中？还有，你有多少次在重复发送表达客气和感谢的邮件？你可以使用如下所提供的象限2宣言样本，或者对它稍加修改来帮助你在组织内部设立一套通讯协议。

我们的象限2邮件宣言

我们一致决定协助彼此坚持以下协议以确保我们坚持象限2原则，尽量避免象限3、象限4和不必要的象限1的侵扰。为此，我们会做到以下几点：

- 判断一封邮件是否需要发送，是否会将他人置于象限3、象限4或者象限1的境地。
- 尽量在邮件标题栏里注明象限1、象限2以帮助他人判断其重要性。
- 只在绝对必要时选择"回复所有人"。
- 检查抄送表以确保名单信息已更新。
- 只在非常必要时才使用抄送功能。
- 保证标题栏清晰写明邮件内容。

- 保持邮件短小精悍以收到最有效的回复。

- 3轮邮件后仍不能解决问题时，选择电话沟通。

- 明智地处理信息，只在确实重要的邮件中标明"高度重视"或者"首要任务"。

- 确立回复周期。不要在发送邮件15分钟后就询问他人是否收到，这是象限3的行为。

虽然这个宣言是针对电子邮件制定的，但同样适用于其他很多通信方式，如短信或微信。你可以依据所处组织和自身的不同特点，将它们也加入到宣言中。

不妨将这个方法推广到你的家人和朋友中，使他们了解，当他们想要在你的工作时间或者其他时段联系你时可能出现的情况。与他们分析这些情况可以避免对方产生失落情绪，防止彼此的关系出现裂痕。

阐明情况在处理工作外通信问题时很有效。举例来说，你在深夜收到了上司的一封邮件或短信，要求你做某事或取某物，也可能是调查某事。你的上司真的需要你现在完成这个任务吗？你是否因为担心而夜不能寐？数字科技使我们可以无时无刻找到对方，但不同的人在处理个人生活和工作之间的平衡关系方面却有很大差异。

我们认识的一个高管对她的团队明确表态过，除非在标题栏中有象限1字样（这样一定是很重要的邮件），其他下班时间发送的邮件他们一律无须处理，没有什么事不能等到第二天早上或者下周一再进行。而且，她从不在下班时间发短信给员工，这个时段的短信给人一种紧迫感，使人很难不去关注。为什么要给别人的生活制造压力呢？针对如何处理这些通信形式进行明确的说明，可以帮助你和他人减轻压力。

应用程序是高效助推器

关于科技的章节如果没有提到"应用程序"（以下简称应用）和"移动设备"，那这一章一定是不完整的。

好消息是你想到的任何事情都有很多廉价甚至免费的应用。

坏消息是你想到的任何事情都有很多廉价甚至免费的应用，廉价甚至免费的应用是一把双刃剑。

过多免费、有趣且即得的应用只会降低在你工作时来自科技产品干扰的门槛，这样，我们在选择应用软件时很少考虑投资回报率，除非我们有意为之，这就是应用商店如此风靡的原因。

但是，现在当你已经对象限2和屈服于干扰的代价有了清晰的认识，而且了解了自己喜欢新奇事物的天性，就可以在这些事物来临时提高警惕。

对自己的象限2角色和目标有了清晰的认识，你就可以审查一下自己当前智能手机和移动设备中的应用程序文件夹，它们是否属于象限2或象限3甚至象限4？你应该删除哪些，保留哪些？依据你现在对有效运用科技和高效性基本原则的理解，你还需要添加哪些应用？

当你通过时间矩阵模型看你的应用时，会发现有一些应用是很有效的，它们可以帮助你节省时间和金钱，达成重要的目标，例如旅游应用、健身应用、新闻应用、个人理财应用、社交应用，等等，都可以帮助你在相关领域事半功倍，一些游戏应用还能够帮助你放松身心。

要说明的是，针对其他科技形式的原则同样适用于应用软件，这些原则可以让你有意识地搜集推动你前进的资源，而不是堆砌让你无法集中精力的干扰源。

赢得最终的胜利

掌握任何武术的技巧都需要花费时间、精力，不断练习、犯错、再练习，但它的回报也是丰厚的。象限2流程图致力于协助你清除无用的信息源，在众多的芝麻小事中保证你处理大事、要事的时间，它为我们提供必要的洞察力，以便在你忙得不可开交时，仍然能够做出正确的决定，合理分配你的注意力和精力。

最后要强调的是，在任何冲突发生时，最有力的武器就是保持平和、不受干扰的心境，以便在决断的时刻思维敏捷、行动流畅。虽然我们这一章教授的技巧很重要，但更重要的是你可以征服自己回复每条信息的天性，进而有意识地用清晰的象限2思维做出回应。

就像著名的日本史作家吉川二所言："一个严肃认真的学生更加注重锻炼他的头脑和强化他的意志，而不是训练他的武术技能。"

通过不断练习象限2流程图的基本原理，你可以加强自己的象限2意识，将注意力更多集中于你生活中的大事上。

行动小贴士

你可以通过以下简单的几步开始试用选择四中的原理和做法，选出其中最适合你的方法。

- 查看你保存四个核心的位置，选取其中一个用更适宜的方法处理其中的信息。

- 花费15分钟的时间给自己建立一套处理干扰邮件和整合重要邮件的规矩。

- 选取5封邮件并对其信息进行分类处理。

- 寻找一个近期要举行的会议，把所需文件链接到会议资料目录中。

- 拿出两个小时建立收件箱排毒箱。

- 查阅本书的附录1，从中寻找你的方案灵感，或者选取其中的两三条鼓励你团队中的其他成员和你一起参与实践。

小 结

- 科技令琐事更加快速地涌入我们的生活，把我们更快埋没于无用之物堆砌的大山下。

- 追求武术的无剑境界，掌握让你以象限2的方式使用科技的潜在原则和技巧。

- 在混乱中看到秩序，将信息分为四大类：预约、任务、通讯录和备注/文档。

- 当你使用纸质系统时，将所有事件存于一处。

- 当你使用电子系统时，将所有信息各归各处。

- 使用三步法：不战而胜、分类处理和建立链接。

- 与你的家人或团队一起创建一个象限2宣言。

- 用"五个选择"的原理选取适合你的应用程序。

The
5
Choices

精力管理

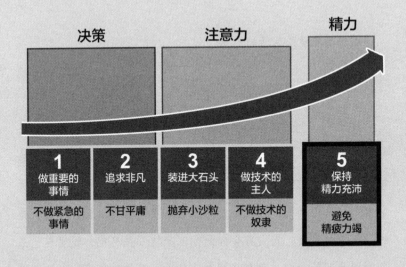

决策		注意力		精力
1 做重要的 事情	**2** 追求非凡	**3** 装进大石头	**4** 做技术的 主人	**5** 保持 精力充沛
不做紧急的 事情	不甘平庸	抛弃小沙粒	不做技术的 奴隶	避免 精疲力竭

选择五

保持精力充沛，避免精疲力竭

思维的能量是生活的本质。

——亚里士多德

我们的一个好朋友玛丽安发觉自己处于事业的十字路口，她是一个勤奋的高管，却长期被身体不适、头脑混沌困扰。鉴于她越来越难保证思维清晰，玛丽安开始对自己做重要决断的能力失去信心，不但如此，她甚至开始遗忘重要的信息。起初，她认为这是年龄的缘故，人人都会如此，但症状日益恶化，她对自己工作的担忧开始加剧，逐渐怀疑自己是否能继续胜任领导岗位。她为依仗她做决断的人感到担忧，也开始恐慌，自己是否会因无法满足工作需要而被开除。然而，她非但没有试图克服困难，反而打算辞职了之。

一天，当她沉浸于对未来的深深忧虑时，她的女儿向她推荐一位医生介绍的一些健脑食物和锻炼方法。玛丽安想，试试也不会有损失，于是就去看了那位医生，并依据医生的建议开始改变自己的饮食、睡眠习惯，增强健脑锻炼。两个月后，她感受到身体的不适明显减轻，精力倍增，思维也更加敏捷。不到一年的时间，她减重50磅，感觉更年轻敏锐，仿佛充满了几十年不曾有过的活力。更重要的是，她继续在公司担任领导岗位，而且成为比以前更活力四射、令人信服的领导者。

本书通篇将我们的头脑视为第一要素以及必须予以完善的工具。要达到非凡的效率，我们需要创建一种特定的生活模式，来保证自己在醒着的每一分钟都能有意识、有目的性地做出高价值的决定。我们需要培养一种思维状态，以便侦测到关于我们生活和工作中首要事项的微妙想法，并安排先行处理它们。我们需要谨慎地回答如下问题："这件事重要吗？""这件事与我最重要的角色和目的一致吗？""我是否已经将一天或一周中最重要的事情安排妥当，确保在诸多琐事的围绕下依然可以将它们完成？""我是否抵制得住小玩意儿带来的诱惑，避免自己落入无为的象限3和象限4中？"

诸如以上这些有意识的决策都需要非凡的脑力作为支撑，使用思考型大脑来保证一天都意识清晰会耗费很多能量，尽管你的大脑只占据体重的2%，却占用了你20%的体能。除此之外，紧迫的任务会左右你的情绪，感受和其他与大脑相关的功能，以致影响你清晰思考和做出明智决断的能力。

想要掌握选择一到选择四的技巧，我们需要提供大脑所需的大量氧气和摄入稳定的葡萄糖，这是象限2清单中最重要的一项。遗憾的是，在当今世界，很多人却把这一项列为他们清单的末项。

随处可见的精力危机

我们现今的生活方式——持续的压力、不健康的饮食、缺乏睡眠和锻炼导致了科学家们所谓的"疲劳综合征"，即我们俗称的"精疲力竭"。我们总是艰难地度过每一天，一再拖延大脑和身体需要的恢复时间，就像这个诅咒："疯狂工作，然后崩溃。"这种生活状态甚至被当作荣誉勋章来炫耀："我们团队一直工作到半夜。""我整个周末都在工作。""放假？开什么玩笑！完全没时间！"最终，这种模式削弱我们大脑做出正确决断的能力，甚至降低大脑的整体功能。另外，如果我们整天陷于象限1和象限3中，被急迫和紧急的事情包围，就自然会落入象限4中，进入不加思考的过度劳动中，这就是大脑在告诉我们，它已超载，需要时间复原，此时，它只能承受最基本的不紧迫的任务。这种过度用脑的行为可能短期收益不错，长此以往却是对脑力的一种浪费。

相反，效率非凡的人们持续给自己充电。他们一整天都充满动力和能量，因为他们被象限2气场包围，保障大脑和身体有持续的能量供应，已达到最佳状态，并且养成了不断给自己加油的习惯，以使自己不会焦头烂额。

这一章的目的在于帮助你获得所需的能量，以保证你可以做出有意识的、深思熟虑的决定，并付诸行动。这样，在每一天结束时，你都能感到充实。

精力的两个来源

你的精力主要有两个来源：强大的目标和健康的身体。

还记得象限2角色描述吗？在憧憬你最重要的角色会取得怎样的成功时，一半的时间要花在寻找目标上——这是你可以完成丰功伟绩的动力。它会在你工作时产生巨大的能量和精力，使你每天都能够圆满地完成这些重要角色的任务。

"动机"这个词来源于拉丁语的movere，意思是移动。移动物体是要耗费能量的，但是一个有动机的前景可以唤起惊人的能量，支撑我们完成通常情况下不可能完成的事情。

你可能听说过人们是如何依靠深层次的动机或目标激励冲破自我设定的极限的故事，这些深层次的动机可以更多地出现在你的生活中，为你的日常活动持续地提供能量。想要做到这一点，你需要把正在做的事情跟你象限2角色中最高的目标和最大的抱负联系起来。

丹尼尔·平克提到，多个研究结果显示由内在动力驱使的人们比没有受到内在动力激励的人们感到"更有尊严、更幸福且拥有更融洽的人际关系"。他进一步总结称："最有动力的人——更不用说那些高效和感到满足的人们，会将他们的愿望和超越自我的目标联系在一起。"

没有令人信服目标的工作会过度消耗我们的脑力，而有强烈目标感的工作则可以将我们大脑中深层次的情感与我们的明确意图和更大的目标联系起来，使它们达到同步，这对我们经常因繁忙的工作而抛诸脑后的个人生活也至关重要。象限2与象限3让我们重新思考个人的角色，并运用尚未开发的能量来实现它们，这时，我们更加强烈地感受到思维的一致和清晰，感到自己所做的事情更充实，更有意义。

虽然有一个强大的目标至关重要，但长期来看，如果没有体力作为支撑，单凭一个强大的目标，你仍然有可能遭遇挫折。

你会看到这种情况：一些人对自己的目标充满激情，却没有体力或者精力实现它们，有些人一边铆足劲做一个项目，一边跟别人说"我做完这个恐怕要一周才能恢复精力"，还有一些人在工作日拼尽全力，到了周末就累垮了，因为他们已经精疲力竭。

最终，当身体和大脑在"空转"时，我们的愿望和目标也会受到影响。当我们发觉达不到目标时，便会降低标准。有时，在极端情况下，有些人甚至会陷入悲观、绝望中。

为保障你有能力实现宏伟目标，并且每天都可以做出推动你向前的决策，你需要一个被精心照料、功能良好的身体以提供稳定的体能来满足大脑对大量氧气和稳定葡萄糖摄入的需求。

对于如何拥有健康的大脑目前尚无定论，很多年来，我们的家长和专家们一直在教导我们应该怎样做，但是，在21世纪，当你审视对高价值决断和注意力的需求时，一个健康头脑的重要性就全新地显现出来。

保持健康的五大动能

这里，我们所说的五大动能如下图所示：

1. **运动**。这不仅仅指锻炼，生命在于运动。结果证明，适度运动时，你的大脑会出现各种好迹象，相反的，运动过少时，你的大脑会出现很多不良反应。

2. **饮食**。就像你不会往汽车油箱里扔垃圾一样，你也不应该向体内摄入低质量的食物，你吃的食物就是大脑的燃料，你可以参考一些简单易行的食谱来协助你的大脑达到最佳状态。

3. **睡眠**。在睡眠中你可以巩固知识、增强记忆、下意识地处理复杂的信息和决断。所以，睡个好觉不仅仅是一种享受，它对于非凡的效率更具有举足轻重的作用。

4. **休闲**。我们所处的强压力环境会给大脑带来巨大的消耗，学会关闭我们头脑中应激反应的大门，以一种心智更集中、更舒适的状态工作，可以为我们的表现带来不可估量的影响。

5. **交际**。从根本上说，积极的社会关系是大脑赖以生存的基础，这些人际关系是巨大的能量源泉，投入时间来建立和维护有意义的人际关系实际上是对我们大脑的滋养。

本章中，我们会分析每一个能量来源，并提供挖掘你生活中这些清洁的、可再生能源的实用指南。首先，你需要完成下页简单的自测，看看你在这五个动能方面的表现，请在适合你的数字上画圈（见下页表）。

总体上，如果你的总得分低于65，你可能需要做很多事情来振奋精神。如果你在某一项或者某几项得分较低，你可以仔细阅读这一章中与之对应的部分。如果你在很多项上都得分较低，别气馁，深入了解每一项，然后逐一攻克。

动能1：运动

我们总是听人说"运动对我们有益"，这是千真万确的。有

问题	不像我								很像我	
1. 工作日我会有规律地起身活动。	1	2	3	4	5	6	7	8	9	10
2. 我坚持一套能激发能量的运动计划。	1	2	3	4	5	6	7	8	9	10
3. 我摄入的食物可以满足一天所需的能量。	1	2	3	4	5	6	7	8	9	10
4. 我每天都有一套营养餐食谱。	1	2	3	4	5	6	7	8	9	10
5. 我每晚保证7小时睡眠。	1	2	3	4	5	6	7	8	9	10
6. 我对每晚的睡眠质量很满意。	1	2	3	4	5	6	7	8	9	10
7. 我有有效应对压力的措施。	1	2	3	4	5	6	7	8	9	10
8. 我的生活方式有助于我管控压力。	1	2	3	4	5	6	7	8	9	10
9. 我花时间与生活中重要的人相处。	1	2	3	4	5	6	7	8	9	10
10. 我会定期回顾生活中有意义的目标和价值。	1	2	3	4	5	6	7	8	9	10
总得分										

太多的调查研究支持这一观点：规律性运动可以令人增强记忆力，保持头脑健康，强健体魄。很多人已经意识到他们需要在运动上投入更多时间，如果你是其中一员，那么你可能需要设立一个象限2目标和时区使运动成为你每周循环的重要事项。

研究还表明，仅靠锻炼是不够维持大脑健康的。

即使你是个有规律的运动者，如果你整日坐在椅子上，你在锻炼上的收益也会被抵消。鉴于我们大多数人每天都坐在桌旁使用电脑，这成了一个不容忽视的事实。

一个流行语可以概括相关调研结果，"久坐如同吸烟"。我们不一定同意这个比喻，但应该开始关注这个问题。我们的大脑与身体共栖共生，为我们的精力和体力提供能量。你的大脑协同身体的其他部分，以一种精细、奇妙的方式通力合作，以使你可以从一处移动到另一处，这是个一体化的行为体系。

当你的身体静止时，你的大脑会处于"待机"状态，因为它并没有进行应该进行的工作。这种静止的状态会帮助释放一种化学元素，使你的身体处于休眠状态。它会减少大脑的供血量，降低你的警戒值，削弱你的思考力和判断力。

哈佛医学院的瑞迪教授指出："我们每两周会有新的研究数据显示，即使你体型良好、坚持锻炼，久坐依然会杀死你的脑细胞。"他继续解释道：

你站立时大脑的效率值比静坐时高7%，这是因为大的骨骼肌在活动。站立激发大脑额叶皮质的活跃度，使你思维更清晰……最大的挑战在于建立规律并形成惯例。我们知道这非常难，然而，你一旦开始，它就会自动运转下去。

生命在于运动，我们远古的祖先就是靠行走到达他们目的地的。我们的生理结构要求我们每天行走6～7公里，这是生物学事实，一个活跃的机体对于为大脑持续供能至关重要。

参考下面的几点建议，评估一下你一天的运动量。你是否有意识或无意识地做过下面的几条？假如做了，那太好了！假如没做，或者只做了其中的几项，你不妨再选择其中的一两项，试试是否可以将它们融入到你的日程安排中。

- 一天中定期放松头脑，每一个半小时从椅子上站起来走动一下，哪怕是去茶水间。

- 走楼梯，不要坐电梯。

- 午休时散步。

- 把车停在离公司或商场的入口远一点的地方。

- 走着开会。

一个朋友最近告诉我们："有时当我久坐桌前感到判断力下降时，只需站起身来，走动一会儿，换个思路，几分钟后再想这个问题时，答案就摆在我面前了。我很喜欢让我活动起来的工作，因为它可以帮助我思考！"

依据你的工作环境，你还能想到什么新奇的方法可以将运动融入你一天的日程呢？

华盛顿特区的泰德·伊顿博士就喜欢走着开会的方式，他将这称为"WWW（working while walking）"，即边走边工作。当你跟其他人约好见面，事先询问对方是否愿意边走边谈。如果对方说"当然可以"，那么就在约定的时间碰头，然后走起来。你可以在头脑中设定一个目的地，比如最近的咖啡馆，当然，没有目的地也没关系。这样做不仅能够帮助你完成工作任务，还能让你跟他人建立起别样的友谊，毕竟跟人散步是种特别的感受。

不用说，如果一天的活动可以与养生的运动方式相结合，那就再好不过了，因为这两者都是优化精力和体力的根本。运动，尤其是有氧运动，真的可以改变大脑的生理结构，它能增强你将血液、氧气和葡萄糖运送到这个高能耗器官的能力。你的身体越活跃，大脑就会产生越多的多巴胺受体，帮助你更好地集中注意力。瑞迪博士指出："没有比有氧运动更有利于新的大脑细胞生长的了。"

究竟哪一种运动方式更适合你，取决于你的年龄和现在的身体状况。当然，在你做出改变运动强度的决定前，应该咨询你的医生，但是，如果你对高强度的体能训练感兴趣，不必不好意思。最新的运动研究显示，即使对于中老年人，运动的强度和多样性也是对整体健康水平影响最大的因素。

无论是跑步、参加有组织的赛事，还是去健身房、游泳或负重练习，甚至是当地的体能训练中心进行强化训练，有很多可以提高你身体健康指数的运动方法。无论什么年龄，都有适合你自己的运动。

72岁的大脑学家理查德·瑞迪每周至少步行3次。"每次运动时间为30～45分钟，我会选择城市的不同地方快速行走，以这样的方式，将运动和新环境结合起来，使大脑活动处于较高水平……"

瑞迪博士称："活到老，练到老。我认识一些93岁才开始运动的人，他们的头脑因为锻炼发生了改变。如果你正处于中年，现在开始执行一个运动计划，可以使你的大脑年轻10～15年。"

即使你年轻力壮，久坐的生活方式也会影响你，为你未来身体虚弱埋下伏笔。

　　阿杰伊是个努力上进的年轻经理。30出头的他热爱工作，并为此投入了大量的时间和精力。他已经习惯了这种生活节奏，在上学期间他就是如此，参加工作后依然如故。但是，慢慢地，他发现自己在晚上疲惫不堪，到了周末简直是筋疲力尽，这一点也开始影响到他刚刚组建的家庭，甚至他的工作。他会经常头疼，并伴有肌肉酸痛，然而他对此唯一的应对措施就是调整工作节奏，继续拼命地完成任务。

　　直到有一天，他在一次家庭聚会上见到了亲戚邀请来的一位朋友——一位私人教练。这位教练提到了一个研究，是关于久坐的生活方式导致的后果，尤其是过多静坐引起的身体机能变化。阿杰伊这时才意识到，他说的情况与自己完全吻合。事实上，在这次聚会中，因为先前工作过于劳累，他大部分时间都窝在沙发上，什么也不想做，他这时想："天哪，我才三十几岁，却感觉像个没用的老人，这样的情况我受够了！"

　　第二周他就找到那位私人教练，教练对他进行了全面的体测。在体测中，教练要求阿杰伊进行了一些简单的运动，结果不出所料，阿杰伊的身体一团糟，教练甚至发现阿杰伊肩膀和背部的一些肌肉已经失去了活力。由于阿杰伊不正确的坐姿，这些肌肉已经无法正常工作。阿杰伊下决心要挽救自己的身体，因为这种情况对他生活的影响已经到了不容忽视的地步。

　　接下来的几个月时间里，尽管付出了相当大的代价，阿杰伊还是坚持和这位教练紧密合作，进行训练。他们从一些简单的固定练习开始，着力于让阿杰伊的一些重要肌肉组织恢复活力。一开始，运动量轻松到让人尴尬的地步，但是阿杰伊明白他的肌耐力还不足以做更难的项目，他需要为之前失去的健康重新打好基础。在这几个月里，在教练的指导下，他的体力和精力逐渐恢复，阿杰伊开始参与到一些他青年时喜欢的运动中，他调整了自己的日程，使锻炼处于优先位置。

现在，他已经四十几岁了，阿杰伊说他从没有这么精神焕发过，他每周坚持在健康和精力上的投入取得了回报。他再次开始享受工作的乐趣，在生活其他方面也更精力充沛，重建自己体能的承诺为阿杰伊新生活的开始奠定了基石。

阿杰伊的经历并不是个例，我们了解到很多人在健康亮起红灯时才幡然醒悟，他们需要为此做出改变了。好消息是，如果你定期将象限2的时间用在运动这个动能上，就可以享受体力和精力充沛带来的福利，而无须再遭遇困境的痛苦。

涉及运动和锻炼时，记住你大脑和身体的能量共栖关系——对你身体有利的同样有益于你的大脑。

动能2：饮食

另一种为大脑提供营养的绝佳途径就是饮食，正如丹尼尔·埃门（杰出的头脑与饮食关系思想家）所说：

白天，你可以通过食物获得更好的精力，请明智对待此事。很多人面对压力，会摄入对身体不利的食物进行自我麻痹，例如，高糖食品或者是酒精。最有效抵御压力的方法是健康饮食，以平衡你的血糖。

埃门博士所述是以大脑的化学物质组成为依据的。

大脑的正常运转需要葡萄糖，所以，很多人会在感到疲惫或者筋疲力尽时，寻求可以快速补充糖分的食物、咖啡因或其他刺激物，以使大脑再次活跃起来。但是，这些食物会对大脑形成巨大的冲击，反而使大脑的活跃度比先前还要低，造成所谓的"急降"，这种模式对我们的大脑和身体都会造成损伤。短期内，这种方式或许能够维持我们的日常生活，但就我们对于清晰思维和高效表现的需求而言，这并不是优质健康能量源的长期替代品。

我们的大脑真正需要的是高质量的食物源提供的稳定的葡萄糖输入，在当今社会，要做到这一点需要进行象限2式的选择。一旦付诸行动，它的回报是丰厚的，优质饮食可以使我们高效、感觉良好地度过每一天。

下面是保持健康利脑饮食的几条建议。

1. 摄入高质量的卡路里。 卡路里的输入是很重要的，但保持健康不仅仅是保持卡路里的输入输出平衡这么简单，总的规律是，注重高质量卡路里的摄入。埃门博士指出："食用一个肉桂面包卷会摄入720卡路里，这些卡路里会耗尽你大脑的能量，如果换成一份由菠菜、鲑鱼、蓝莓、苹果、核桃和甜红椒组成的沙拉，它所含的400卡路里则可以快速激发你的能量，使你更精神。"

如果你的饮食结构主要由精加工、低营养的食物组成，你很有可能出现摄入过量却营养缺乏的问题。此外，这种饮食习惯还会增加你精力和体力的负担，因为你的身体不但需要努力从低质量的卡路里中获取营养，还要消化食物源中的人造物质。

记住这个基本策略：高质量的卡路里一般来自农场而不是工厂，而且应该以尽量天然的形式摄入。

2. **多喝水**。你大脑的80%由水组成。任何可能导致脱水的食物，如过多的咖啡因或酒精，都会降低你的思考力，影响你的判断力，正如神经系统学家约书亚·葛文所说："我们的大脑需要适宜的湿润度才能快速运转，这是因为脑细胞的运转需要水分和各种元素间保持一种微妙的平衡，当你过度缺水时，这种平衡被破坏，你的脑细胞就会失去活力。"

为保持水分充足，就要多喝水，最好的方法是每天喝8～10杯或者大约2升的水。

3. **摄入健康的脂肪**。去除水分含量外，大脑中固体物质的60%是脂肪。实际上，脂肪是我们的大脑不可或缺的组成部分。你应该注重健康脂肪的摄入，也就是鳄梨、橄榄油、菜籽油、花生油、红花油、玉米油、坚果（如杏仁、腰果和开心果等）或者一些鱼类中含有的不饱和脂肪。

虽然食入过多脂肪是不健康的，但饮食中脂肪含量过低也不利于健康，甚至会对我们的身体和大脑造成损伤。

比如凯蒂家，她的妈妈一直实行一种严格的低脂食谱。后来，她的妈妈患上了老年痴呆症，因此凯蒂对大脑健康的理论也进行了一些研究，她发现有时过度强调低脂是很危险的行为。营养物质是通过脂肪送达大脑的，而且大脑的大部分也是由脂肪组成，因此，我们应更多关注摄入脂肪的种类并加以适当控制。现在，凯蒂在飞机上可以随心地吃花生米，不吃咸酥饼，且平时将鳄梨及其他健康脂肪源加入她的食谱，当然，她仍然对过多的动物类脂肪和油脂保持警惕。

4. 食用优质蛋白质。高品质的蛋白质可以帮助你维持血糖平衡，集中注意力，为你大脑的其他组成部分提供必要的基础原料。蛋白质中的氨基酸可以生成神经传导素，并为神经网络提供支撑。优质蛋白质的来源有鱼类、去皮的火鸡和鸡肉、豆类、生坚果、低脂或无脂奶制品、一些蛋白质含量较高的蔬菜，如花椰菜和菠菜。

5. 注意合成碳水化合物的输入。合成碳水化合物可以保持你的血糖平衡，因为它们需要较长时间代谢。这里所说的碳水化合物是低糖量、高纤维的碳水化合物，低血糖含量指的是那些不会快速使你血糖升高的碳水化合物，而纤维对于保持消化系统正常运行至关重要。低糖高纤的食物源有全麦类、新鲜蔬菜、各种水果和豆类。

当大脑处于低血糖状态时，其整体活跃度下降，而低活跃度意味着更想吃，而且更容易选择错误的食物。单一碳水化合物或者高糖高脂的食物会使你的血糖急剧上升然后猛烈下滑，从而对你的大脑和身体造成损害。这些不健康的食物还会在你大脑中的致瘾中心起作用，因此你应该避免食用精加工的食物、白面包和其他易导致血糖升高的食物，你可以上网轻松获取不同食物的血糖指数。

每天的饮食要注意均衡，我们可以每隔一段时间，比如一天4~6次，摄入复合碳水化合物和精致蛋白质，这样做可以保持适宜的血糖值，还可以为你一天的活动提供持久的能量。如果你在这方面缺乏自控能力，可以随身携带一些健康、无糖的零食，如坚果或者水果等，想吃零食时，就吃这些。

6. **吃彩虹餐**。你可能听说过彩虹餐，即广泛食用各种有色、天然的食物（彩虹糖不在其列）。这样做是为了确保我们全面地摄入大脑和身体所需的微量营养素和植物素，如抗氧化剂等。在你准备每一餐时，可以按照颜色考虑食材：蓝色（蓝莓），红色（石榴、草莓、覆盆子、樱桃、红甜椒和西红柿），黄色（南瓜、黄甜椒、桃子和香蕉），橘色（橘子、蜜橘和山药），绿色（菠菜、花椰菜和豌豆），紫色（李子和茄子），等等。

7. **正确对待保健品**。关于保健品，有许多离谱的宣传，它们声称最佳的营养源是纯粹天然的食物。但是，确有一些保健品是经过广泛临床试验证明对大脑有益的，其中包括鱼油（欧米伽-3，脂肪酸含量较高）和维生素D。不过，对于保健品问题，还有很多研究正在进行，所以在选择时要仔细斟酌并随时征求医生的意见。

这里所要表达的观点是，如果每天定时为大脑补充适量的全天然食物，你就是在为大脑和身体提供稳定的葡萄糖和其他营养素，使其呈现最佳状态。正如科丽·坎贝尔（畅销书《中国研究》作者）提到的：

我们的身体已经进化出一个无限复杂的反应网，以便于从食物的天然形态中最大限度地获取营养。有些误导者可能鼓吹某一种营养物质或者化学成分的优势，这种想法是狭隘的。我们的身体已经学会消化化学物质的混合体，排泄其中没有意义的物质并挑取适合的加以吸收利用。

当我们以这种方式进食时，会发现自己不再需要高糖的冲击或者其他人造的刺激物来支撑我们度过每一天。我们会感觉更好、更有活力，我们的情绪更积极，我们的大脑可以更高效地运转。

你的饮食结构中包含高质量、健康、天然的食物吗？你每天是定时（4~6次）进食，还是会很久不吃东西？你是依靠咖啡因、单糖或是其他刺激物支撑一天的生活吗？你现在是否需要改进食谱使其更利于大脑健康呢？

动能3：睡眠

2009年5月31日，法航447次航班搭载228人从巴西飞往法国，却在大西洋坠毁，全机人员无一生还，这是航空史上最惨重的事故之一。尽管造成这场空难的因素有很多，但是很明显，飞行员和机组人员缺乏睡眠是其中的重要原因。

疾控中心最近将睡眠缺乏列为一种危害公众健康的流行疾病，

并引用研究称：

人们越来越意识到睡眠对公众健康的重要性，除了缺乏睡眠引起的机动车事故、工业灾难以及医学和其他领域的事故外，缺乏睡眠还令人更加容易遭受慢性病的侵扰，如高血压、糖尿病、抑郁症、肥胖，甚至导致罹患癌症或者死亡率升高，并伴有生活质量和工作效率的下降。

关于剥夺睡眠的医学后果的研究有很多，这里不再赘述，我们主要从大脑表现方面探讨这个问题。莉斯·乔伊博士指出：

睡眠促进新陈代谢。我们在睡梦中巩固记忆，睡眠使我们能够记住每天发生的事情。因此，如果你近期要参加一个重要会议，就需要通过睡眠来处理相关信息，以便第二天使用，这是睡眠能够协助我们的事情之一。此外，它还可以提升我们的记忆力和认知力，使你成为一个思考者。

研究显示，当个体被剥夺睡眠17～19小时后，他们的表现就如同血液中酒精含量为0.5%的人，对于一些测试的反应时间延迟近50%。如果剥夺睡眠的时间延长，他们的表现就更糟，相当于血液酒精含量1%的人。就行事而言，当你在缺乏睡眠的情况下工作时就相当于你喝得醉醺醺地去上班。

那么真正重要的问题就摆在面前：我们想要以怎样的感受度过每一天？我们想要每天昏昏沉沉的，没有信心，还是更希望休息充分、蓄势待发，知道自己在以最佳状态工作？如果我们想要呈现自己的最佳状态，那么另一个问题就随之而来："我们怎样来提高睡眠质量？"

如果你想要睡得更香，可以尝试以下建议。

1. 运动。运动和睡眠这两个动能是密不可分的，其实运动是提高睡眠质量的绝佳方法。当你有规律地运动时，你的身体就需要更好的休息来恢复体力，所以它自然会进入更深沉更放松的睡眠。当然，很多人发现睡前运动反而使他们不易入睡，所以你要注意运动的时间段，最重要的是选择适合自己的运动方式。

2. 关闭电子设备。如果你在上床前看电视或者查邮件，那么射入你眼睛的光线会给你的大脑发送现在是白天而不是夜晚的信号。哈佛医学院的研究员史蒂文·洛克利指出："任何夜晚的光线都可能造成视觉混淆，但在最近几年，相关研究已经将造成混淆的光线范围缩小至影响力最强的蓝光上，它是由智能手机和电脑的高性能屏幕投射出的一种光源。蓝光可以在同一时间段内，首先使大脑警醒，进而抑制褪黑色素，最终调整你的生物钟。"而且无论你是否开机，将电子设备整晚放在身边都会导致压力和心理干扰，因为你会时刻想要了解社交平台或者公司邮件里又跳出什么新信息。一些人发现把所有电子设备放在另一个房间，可以切实地提醒他们工作时间已经结束，现在该上床睡觉了。

3. 小心咖啡因和酒精。当你喝下一杯咖啡时，里面的咖啡因大概会在15～30分钟后开始对你的大脑产生刺激作用，在一小时后其在血液中的含量达到顶峰，然后再过3～7个小时这个数值才能降到一半，这个时间段的长短取决于你的年龄、体重和对咖啡因的耐受力。正如畅销书《睡眠的承诺》作者威廉·C.狄门特所说:"不要以为你可以在下午6点喝一两杯咖啡,到晚上11点睡觉时所有的咖啡因就会排出体外。"上床前喝酒、吃大餐也会影响你入睡,需要再次重申的是,这些食物对你和你的身体产生的具体影响取决于一系列的因素。因此,最重要的是要尝试不同的方法并观察效果,以便找到适合你的改变,以获得更佳的睡眠。

4. 营造良好的睡眠环境。因为睡眠对我们来说很重要,而一些个别因素如温度、床垫的软硬度、床单的体感、噪声水平,特别是房间里光线的强度都可能对你的睡眠质量产生不可忽视的影响,所以你需要花些时间来进行测试,以便使房间布局有助于你的睡眠。这么做可能需要取得同住者的同意,但只要你以正确的方法沟通,相信你们都能从中获益。

5. 运用科技手段。对于那些敢于尝试的人,市场上有很多简单便携的设备可以来衡量你的睡眠质量(比如手环或者手表)。如果你真的想要观察自己的睡眠行为,购买此类产品会有所帮助。

最终,只有当这些方法真正能够提升你的睡眠质量时,它们才是有用的。下面的总结列表是《睡眠的承诺》一书中提到的能够帮助你衡量睡眠环境的一些指标:

- 你是否在晚上尽量避免饮用含咖啡因的饮品?
- 你是否通常将晚饭时间安排在睡前至少三小时?
- 你是否有固定的入睡时间,很少出现例外?
- 你睡前是否有固定习惯,比如泡个热水澡再读几页书,放松身心等待困意袭来？

- 你的卧室是不是整晚都比较安静？

- 你卧室的室温是否适宜？

- 你是否认为你的床，尤其是你的床垫和枕头是世界上最舒适的地方？

- 你是否认为床上用品（毯子、被子和抱枕）正如你心意？

同理，这些行为也属于象限2行为，需要我们有意识地做出规划并予以执行。正如所有象限2行为一样，这些行为的付出与回报比是不均衡的。你需要询问自己："头脑清醒、精力充沛，以我的最佳状态度过一天对我有多大价值？"因为这就是谨慎选择睡眠方式的回报。正如威廉·C.狄门特指出的："如果你对自己的健康、营养和体型持严肃态度，那么你也需要严肃对待自己的睡眠。"

动能4：休闲

我们经常把高效等同于不停运转，然而，现实情况却与之截然相反，高效率的人能够认识到在高速工作一段时间后，有意识、有规律地恢复的重要性。这一节内容就是关于如何进行能量恢复，以及我们处于压力中时应如何面对的。做好这些，我们就能够保持精力充沛。

比如，在一个充斥着高性能竞技体育的世界里，运动员体力复原的质量受到广泛关注。很多年来，人们一直强调要避免训练过度，也就是避免运动员锻炼、集训或比赛过多，或时间过长。这时，运动员的体力下降，精力也会随之下降，这样导致的精疲力竭的状态其实与在公司工作过劳或生活中压力过大不无二致。

不过，在过去几年中，人们对田径赛场的观念发生转变，不再一味追诉训练过度的问题，他们发觉更有效的解决方法或许是更多关注运动员体能恢复欠佳这个问题。这种想法转变的重要之处在于它改变了解决问题的方式，实际上以上两种方法的目标是一致的：保证高效的实战表现。

如果你认为训练过度是问题的症结，那么可以尝试降低训练强度，就好像压力过大时，考虑放慢工作节奏一样。

但是，如果你认为问题在于恢复欠佳，可以尝试用心将一些休闲活动融入到生活中，利用它们补充能量，平衡你的工作负担。正如一个研究人员提到的："降低训练强度不一定是避免训练过度问题的答案。"

选择这种做法的好处是，你必须对恢复与训练（或工作）付出同样的关注，但这说起来容易做起来难，因为：

我们倾向于被这样一种观点所左右，即如果我们想要一件事情发生（如更强、更快、更健康），那么只有当我们为此努力工作，一定程度地掌控它时，才能达到目的，而不习惯想象释放压力、休息、放松控制，可能与休整、恢复和巩固同样重要。

正因为人们有如此的偏见，对恢复的关注甚至比训练本身更需要自控力。

对于我们而言，这就意味着我们必须很谨慎地判断哪些象限2行为可以真正使我们焕然一新、重筑能量，然后严格地将这些活动带入你的生活中，且不必因此内疚或羞愧。

还记得我们在讨论"时间矩阵模型"时提到人们经常不好意思地说他们需要一些象限4时间吗？人们需要时间放松是人之常情，但是，出于某种不合理的原因，他们认为这样做是不对的，因为没有效率可言。事实上，象限2放松和恢复行为对我们的效率高低起到了举足轻重的作用，这些大西瓜般的行为对我们业绩的影响与直接花时间处理一个任务或项目一样强烈。

记者马特·里克特跟随一队科学家进行了一场亲身实验，在实验中他们将自己与世隔绝了几天，"这些科学家想要观察一下当他们不与外界接触时，他们的头脑和观点会发生怎样的改变，并以此推论出其他人身上会出现的改变。"

他们乘坐筏子沿着南犹他州的圣胡安河顺流而下，这是北美洲最偏僻的地方之一。他们制定了一个不可打破的规矩：没有手机和网络，"为什么我说不可打破呢？因为这里没有手机信号覆盖，没有网络。我们一下筏子，一个科学家就说到，这是文明的终结，他的意思是你的手机不能用了。"

三天后实验结束时，科学家们注意到自身发生了改变，他们称之为三天效应，"你开始感到更放松，也可能是睡得更好了……也可能是你无须焦急地回答问题或是不再匆忙地做任何事情，因为你的紧迫感消失了。"

参与了这次实验的专家们得出了明确的结论：恢复期对大脑健康至关重要。

恢复的策略因人而异，有时正确的恢复计划是降低工作量，有时是休个长假，也可能是简单的15分钟小憩，换个环境。很多组织有自己的健身房和安静区域，你可以去那里平静一下。我们认识的一个小团队负责人，尽管他们没有很大的办公空间，但他仍然将一间办公室腾出来作为安静区域，员工无须申请即可进入，休息头脑，恢复精力，再度投入工作。

《纽约时报》中的一篇文章提到："越来越多的证据表明，在脑力工作时，定时小憩可以提高工作效率和创造力。相反的，不间断地工作可能导致压力过大或精疲力竭。"

当你找到了生活的平衡点，并将恢复活动融入你的生活中，就会发现你拥有了一个兼顾工作和恢复的可持续模式，它可以使你长期以充满能量和动力的方式高效运转。

以下几个策略可能对你有所帮助，请查看一下其中是否有几条对你有所启发。

1. 在完成某个重要任务后安静地休息一下。

2. 积极寻找一个兴趣爱好。

3. 看一部振奋人心的电影或者你最爱的电视节目。

4. 浏览你感兴趣的网站。

5. 和朋友聊天。

6. 散步。

7. 听音乐。

8. 做按摩。

9. 小睡一觉。

10. 运动。

11. 与朋友外出。

12. 到山里远足。

13. 冥想。

14. 参加社区服务。

15. 玩游戏。

16. 做瑜伽。

17. 跟朋友煲电话粥。

18. 与家人在一起。

19. 修行或做礼拜。

20. 大笑。

21. 做园艺。

22. 换个工作。

23. 读一本好书。

24. 深呼吸。

你需要认清的是，这些活动与你在进行的其他任何事一样重要，而且也是象限2活动的一种。然而，正因为它们是象限2行为，也就意味着它们不太可能自主发生。也就是说，你需要谨慎地选择和执行你的恢复计划——正如你对待五大动能中的任何一个一样。

动能4的另一方面是针对你在工作而不是恢复期时，如何沉着应对压力。

看过《地心引力》的人可能注意到，电影里描述了一个两人对待同一危急情况时选择截然不同处理方式的绝佳例子。在这部获得了7项奥斯卡奖的电影中，桑德拉·布洛克和乔治·克鲁尼扮演了两个宇航员，他们因为被爆炸卫星的残骸击中，航天器损毁而被困于外太空。

随着故事情节的发展，我们发现，马特·卡瓦斯基中校（克鲁尼饰）显然是一个经验丰富的宇航员，当爆炸残骸撞向航天器时，卡瓦斯基按照自己的节奏集中精力，沉着应对危机，掌握了主动权，并花费精力试图使第一次进入太空的女博士瑞安·斯通冷静下来。然而斯通博士在撞击事故发生前就已经紧张和惶恐不安，当碰撞发生后，她的身体完全进入了压力应激状态，伴随有呼吸急促，心理承受超载，阻碍她以任何有益的方式表达或行动。直至她控制住自己的身体，她才能够开始积极地应对灾难。在整个电影中，斯通博士一步步地找回了勇气和内在动力，最终安全返航。

尽管我们大多数人不太可能遭遇这么紧张刺激的危急时刻，但人们面对挑战做出如此不同的反应不是很有趣吗？一个人遇到紧张情况时，能够集中精力、沉着应对，做出适合的决断并信心满满地予以执行是一件令人钦佩的事。

尽管一部分人天生能够比其他人更容易做到这一点，但这也是个可以通过学习掌握的技能。你对这个技能掌握得越好，关键时刻就越能认清正确的方向，并将精力集中在这些重要的事情上，而不是浪费在应付压力上。

导致电影中斯通博士不知所措的压力应激源位于——你猜对了——反应型大脑部分。当我们遇到所谓紧张的情况时，大量的化学物质在几毫秒之内被释放出来以调动我们的身体准备行动。这会引发三种结果：应战（准备好作战）、逃脱（准备好逃跑）以及出现僵硬（没准备好怎么做），引发以上三种结果的是同一组压力荷尔蒙：皮质醇和肾上腺素。

我们身体的应激反应在我们需要调动身体应对眼前威胁时是具有相当优势的，它的劣势在于一系列的生理反应会削弱我们思考型大脑的功能。应激反应带来的结果是我们遇到压力时会头脑不清，判断失误。除此之外，当长期生活在压力状态下时，我们的身体和心理会产生各种反应，包括免疫系统紊乱、心血管疾病以及焦虑症和抑郁症。

1975年，赫伯特·本森的开创性著作《轻松应对》提出了这样一个观点：我们可以训练大脑远离应激反应，并如他所说的"轻松应对"。在接下来的几十年中，一系列的科学研究印证了他的理论，而这种理论的运作方式也已被大家熟知，我们只需要学会运用它。正如丹·哈里斯在新书《再快乐10%》中提到的："头脑，这个通过经验引导我们整个人生的器官，是可以被训练的，快乐是种技巧。"

有很多种技巧可以帮助你学会轻松应对压力，但最终你要找到一套身心反应程序可以让你暂停，换个角度想问题，来帮助你的反应型大脑冷静下来，继而转向你的思考型大脑。当你不断练习这套程序时，你的大脑就会越来越娴熟，你就真的可以改变自己应对压力的方式了。无论你用什么方法，只要有效，再多加练习，都会成功。

下面是已经被广泛验证的一些技巧。

- **疏远**。在头脑中勾勒出紧张的情况或给你带来压力的人，将这个影像移到头脑深处，主动缩小这个人或这些情景。因为大脑的设定是将眼前的大事物当作威胁来处理，所以将导致压力的事或人的影像最小化就可以避免大脑过速运转。另外，你还可以想象那个人用小花栗鼠的声音说话，这样不但可以降低危机感，还能加入一些幽默的元素。

- **重新定义**。当你把某件事情视作威胁或者不受欢迎的压力源时，你的大脑就会依此做出回应。当你将它重新定义和评估为一个你急于应对的正面挑战时，你的大脑就会以一个更积极的方式做出回应。把这些挑战视为达到重要象限2目标的必要步骤，也可以为你提供前进的动力。

- **深呼吸**。深呼吸并数到10，可以改变你的机体和大脑的化学反应。在这个过程中，额外吸入的氧气不但对你有所帮助，还为你提供了一个必要的停顿期，为反应型大脑的撤退和思考型大脑的接管留出了空间。

● **冥想**。有关定期冥想有益于消除压力的研究成果非常丰富。冥想可以帮助你进入更放松的状态，不仅如此，它还可以让你回归常态，使你以更平静的心情度过每一天，而不是在压力下变得焦躁易怒。冥想可以将你的大脑恢复到最佳状态，而且这不需要你背上绳索去涅槃才能实现。这只是一个简单的技巧，你可以运用它按下你大脑中不同的化学反应按钮，让你以更好的状态面对生活中的压力。

你是否有一个有效的放松技巧呢？如果你有，那么请再接再厉！如果没有，你可以从上面的技巧中选取一个看起来可行的，或者另找一个更吸引你的来尝试一下。能够暂停你的反应型大脑并有意识地进入你的思考型大脑对于做出适宜的决断，最终引领你达到非凡的效率至关重要。

我们要分享的最后一个技巧来自丹尼尔·埃门博士，他这样说道：

压力可以说是精力的最大掠夺者，以我的经验来看，引发压力的罪魁祸首是你脑子里的消极想法，我把它们称为"蚂蚁"（ANT，automatic negative thoughts的缩写），即那些不经意进入你头脑，毁了你一天的想法。

所以，无论何时，当你感到伤心、愤怒、紧张或者失控时，把你不经意产生的消极想法写下来，然后问一问自己，它们是否是真实的情绪。把这些情绪写下来是为了把它们从你的头脑中清除，直面这些消极想法，用你正面的、善于思考的大脑来消灭它们。

把想法写下来是一个强有力的技巧，而且，你可以再一次看到这个模式：关闭你的反应型大脑，启动你的思考型大脑。在现实生活中，大多数事情不像你的反应型大脑想象的那么糟，即便真的很糟，至少你以一个更好的状态在应对。

说到底，每天消除压力的最好方式是学会灵活使用选择三中的象限2规划系统。运用主要任务清单来捕捉生活中重要的事情，用象限2时区来围绕你的优先次序建立秩序和框架，根据你最深的渴望和动机安排每天和每周的象限2规划，这样做可以让你感到心灵平静和完整，并消除很多每天强加于自己的压力。这些技巧可以帮助你满怀信心地应对生活中的外来压力，因为你的生活井井有条，生活中的重要事项都已安排妥当。

动能5：交际

我们可能不认为人际关系是提升精力的一种途径，事实却恰恰相反，大脑不但需要运动，本质上它还是一个社会性器官，它的基本功能促使我们去与他人接触并且建立可以服务于我们的生存和幸福的强有力的互惠关系。

此工作原理的例证之一是后叶催产素，这种荷尔蒙的功能是担任大脑的神经调节质。后叶催产素可以增强个体与他人间的信任感、关联性和亲密感，还能够减轻恐惧和压力感。它是一种不可或缺的使人感觉良好的荷尔蒙，根植于健康的人际关系中并进而促使我们与周边的人融洽相处。

当我们的生活中存在互惠互利的人际关系时，我们就有了一个值得珍惜的幸福和能量的源泉，根据哈佛大学医学院的一本著作所述：

多项调查显示，那些与自己的家人、朋友、团体间有和谐关系的人们更快乐，更少有健康问题，也会活得更久。相反的，那些相对缺乏社会关系的人们通常与抑郁、晚年认知能力下降甚至死亡率升高联系在一起。在一项调查中，研究人员分析了309000人的数据资料，结果发现，缺乏强有力的人际关系可以将所有疾病的过早死亡率提升50%——其对死亡风险的影响力大致相当于每天抽15根烟的效果。

除此之外，还有研究表明健康的人际关系甚至对机体有真实的治疗效果。与之形成鲜明对比的是，在大脑中社会性疼痛被解读为与身体疼痛（如腿部骨折）同等的痛苦。

想要从人际关系中受益，需要在真实互动中面对面地交流，而不是通过网络。在一个针对网络的运用及其对人际管理影响的课题中，研究人员发现网络空间关系不能提供源于真实接触的心理支持和幸福感，该课题的作者罗伯特·克劳特指出："在很多情况下，你只是在建立肤浅的人际关系，这会导致你与他人关联感的整体下降。"

最后，正如另一个研究者所说："科学家们需要拓展自己的思维，以便理解这样一个概念：在大自然中是没有单个神经元或者单个人类大脑存在的。没有互相促进互相作用的交流，人类和神经元都会枯萎死去。"

创建和谐的人际关系需要投入时间和承诺，如果我们不将它列为首要任务，就会容易错失由这些人与人之间真实的关系带来的健康、活力、勇气和力量。虽然如此，在我们繁忙的生活中，这些事情还是经常落入我们待办事项清单的末尾。

丽莎在她四十几岁时经历了人生中一次重要的转折，当时她正全身心投入一个极具挑战性的长期项目，却被一场严重的疾病打倒，需要休假几个月。

她可以说是一个把自己照顾得很好的人，她饮食健康，经常锻炼，热爱自己的工作，但这次的疾病给了她很长一段时间来思考她生活的其他方面，她得出的结论使她的生活格局发生了建设性和挑战性的改变。

她意识到因为忙于工作，她人为地制造了一个生活价值来掩盖她深层次的需求。她得到的赞美和荣誉促使她不断向前，然而，当她独坐家中时，她开始觉察到内心深处的一种空虚感无法得到满足，而且这种感觉已经存在很久了。她说："我在依靠虚无的东西，而不是真正的燃料运转。当我需要从更深层次的源泉汲取能量时，才发现它们根本就不存在。"

她回想自己在三十出头时做出的决定，包括选择了一个需要经常出差的工作。虽然她有几个朋友，但她从来没有与他人投入地发展过一段深厚的感情。当她展望未来时，她问自己："我还想重复这十年的生活吗？"

　　她还意识到自己受到由任务和项目来定义而不是由分钟和小时定义的生活假象的控制，专心休养让其注意到真实的分钟和小时。当处于任务模式时，几天甚至几周就这样流逝，并没有时间的概念。度过了一个个季节，却与世界的自然节奏脱节。她对自己说："我去了哪里？我怎么会错过这些？"

　　最终，丽莎决定开始投入地建立一些深入的关系，并有意识地保持与自然的亲密接触。她说道："好工作固然重要，但它不会像一段与他人建立的有意义的关系那样让你得到满足。爱与被爱的能力让我们充实和满足，对这种关系的需求永远都在，只是被隐藏了起来。当那些情感的深井被填平时，我有了更好的视野和力量，我能够为我的工作和生活做出更好的决定，我体会到了生活的完整。"

　　这个故事凸显出五个动能之间平衡的价值，即使你将五个动能中某几个做得很好，忽略生活的其他方面也可能耗尽你的资源和深层的能量源泉。我们是完整的人，任何被我们忽略或者忽视的一部分自我最终都会让我们付出代价。

　　但在当今社会，有效率的交往需要有意识地象限2努力，正如埃德·哈洛威尔指出的：

　　现代生活的人际交往时间正在消失，转而被电子产品时间所代替。人际交往时间需要两个要素：第一，亲自出席；第二，精力集中，也就是说，单纯地待在一起不能称为人际交往。你可能在飞机上坐在某人旁边，但是完全没有进行人际交往。你需要集中注意力，这就意味着撇开你的电脑，放下你的手机。你不可能一边做别的事情，一边进行有效的人际交往。你需要将其他事情暂停，进行眼神的交流，与他人建立联系：倾听、放松、别着急……人们渴望这种方式的交流，因为它实在太少出现了。所以，如果你可以认真对待，放下其他的事情，真正与另一个人交流，结果就会像一个沙漠中的人发现一片绿洲一样：啊，久违的感受！

回想一下你自己的人际关系以及你与他人之间的联系的质量，是否有一些关系中的联系还不够？你是否忽视了生命中一些重要的关系？你是否可以做一些象限2事项来投身于建立这些关系呢？

解决能量危机

这五个动能中的每一个都有自己强大的力量，在每一个中都投入相同的时间，你会收到快速、明显的效果。但是，只有开始一种坚持五个动能的有规律的生活模式时，真正的能量才会到来。当你有健康的运动、饮食、睡眠、休闲、人际模式，你作为一个完整的人就更加强壮。在这种情况下，五大动能协同合作来给你的身体和头脑提供燃料，帮助你做出更好的决定，使你集中注意力和能量，在每天结束时都感到心满意足。

当你在自己身上进行象限2投资时，就会更加努力地向着自己关心的短期和长期目标前进，对可以实现的伟大事情保持更清晰、更善于接受的头脑。掌握好选择五，是你执行所有其他选择和给予你做其他事情能量的基础。

行动小贴士

你可以通过以下几个简单步骤开始尝试选择五中的一些原则和实践，选择最适合你的加以运用。

- 选择一种方式来增加你在工作时的活动量，并有意识地每天至少做一次，每次做到的时候在你的日历上画钩以奖励自己。
- 买一些健康的零食（如水果、蔬菜等）放在你的桌上，以便需要时你可以咀嚼些健康的东西。
- 比平时早上床15分钟。
- 在本周安排一些有趣的活动放松自己。
- 多花点时间巩固一段你生活中重要的关系。

小　结

- 在这个以知识为动能的世界里，你的大脑是你最大的资本。
- 有意识、有目的地度过一天会消耗很多能量。
- 能量的源泉有两种：一个清晰、有驱动的目的和一个健康的身体。
- 五大动能包括：运动、饮食、睡眠、休闲和交际。
- 当你定期在这五大能量动能上投入精力时，你就建立了一种给自己加油，但不会把自己搞得焦头烂额的生活模式。

过上非凡生活

你如何度过一天，就如何度过一生。

——安妮·迪拉德

当基娃床头的闹钟响起时，她本能地伸手去拿手机（旧习难改），但这一次，她在床头柜上摸到了新瑜伽服和鞋子。"哦，对了，"她想，"今天我要重新开始。"

她昨晚有意识地把手机放在另一个房间，并把瑜伽服放在床头柜上以提醒自己今早锻炼的承诺，她拿起瑜伽服走出房间，到电视前打开新安装的训练程序。

基娃花了几分钟热身，但是30分钟的运动和伸展过后，她感到能量充沛、蓄势待发。

基娃微笑着走到冰箱前，拿出一罐酸奶和一些其他的健康食物，坐下来开始审视自己一天的日程安排。今天她计划了几个重要事项，需要确保对其投入足够的时间和精力。不过，在审查日历和任务时，她想到自己要进行的项目审查还需要多一点数据，如果她今天开始搜集，开会前就可以整理完毕，于是，她迅速调整了日程，留出一个小时进行这项工作。她对自己安排妥当今天的重要事项很满意，然后就准备出门了。

　　在等火车的空隙，她给凯莉发短信说自己完成了瑜伽练习，"我也是。"凯莉回短信说。谁知道凯莉也喜欢瑜伽呢？基娃很高兴在她努力适应新日程时能有这样的支持。

　　基娃利用搭火车进城的工夫审核了自己的几个项目状况报告，察看了依据她的设定被标注为"重要"的邮件。然后，在车程的最后10分钟，她关上电脑，开始欣赏沿途风光。几分钟前，太阳从树梢上升起，看起来今天会是个好天气。"或许这周末我可以安排些户外活动，"她新加了一个任务，给自己的弟弟打电话，看他是否有安排，她的弟弟就住在附近。

　　但是，当她走进办公室时，她平和宁静的状态立即被卡尔搅乱！"是不是真的啊？"她想，"这个家伙简直无处不在！""好吧，卡尔，看看你有什么要说的。"在她倾听卡尔诉说时，她发现卡尔向她索要的大部分信息，都可以在系统中找到，于是她说："卡尔，我很愿意帮你，但是说实话，这些信息你是可以自己找到的，我们一起去找会计部的雪莉丝，她可以告诉你如何把这些数据从系统里调出来，这是她的本职工作，而且我知道她会很乐意帮助你的。"基娃把卡尔送到雪莉丝那里，告诉了她卡尔的需求，然后返回了自己的办公桌。

基娃基本一整天都可以按照日程安排进行，其中临时召开了一个重要会议，她也能够稍做调整，将它排进日程。此外还有一个会议，但是她停下来想了一下，认为这个会议不是必须参加，于是她没有出席。

她很欣慰自己今天挤出了时间为即将到来的项目审核收集数据，因为在观察这些数据时，她发现有几个关键问题是一定会出现而且需要她解答的。她知道这个工作还有其他人参与，于是查了一下他们的日程，并与自己团队中的两个相关成员约翰和莉沃约定第二天开会讨论，她快速地在邀约中写上了会议的内容并将自己已经收集好的数据附上以便两人提前阅览。

在这一天要结束时，她花了几分钟回顾了一下自己的成绩，然后在笔记中记录了一些关键信息，布置了一些任务并把这一天从日历上划掉了。

当她走出办公室时，感觉比想象中还要轻松。她发现即使处理了几个象限1事件，但仍然完成了今天事先安排的重要事项，其他事项也各归其位。她意识到自己并没有做太多变动，却完成了几件让自己的一天更高效和充实的事情。当她的大脑沉浸于这种领悟中时，她的嘴角掠过一丝微笑，然后她想到要给弟弟打电话，"有段时间没联系了，跟他在一起度过一些家庭时光一定很不错，不知道他现在干吗呢！"

　　非凡的效率比任何时候都注重活在当下，改变效率等式不需要做太多，只需要每天向前迈一小步，以使其成为你的生活习惯。它在于留心我们所处的环境、与我们一起工作的同事以及让我们做出在哪里投入时间、精力和能量的高价值决定的那些机会。

　　当我们以这种方式生活时，每一天都有更多回报，更加充实。我们知道自己将精力投入到重要的事情上，而且将它们很好地完成。当每一天结束时，我们都能感到满足。最终，我们会惊喜地发现一连串的非凡日子带给了我们非凡的人生！

The
5
Choices

特殊部分：

做一个非凡的领导者

领导者能够做什么

领导不是一个职位，而是一种选择。

—— 史蒂芬·柯维

一个组织文化尤其易受其领导者行为的影响，领导的定义几乎就说明了其对所在文化氛围和其中人员行为的压倒性影响力，但领导不止是一个职位，实际上，有一些世界上最有影响力的领导者并没有真正正式的权力职位（想一想德兰修女或者甘地）。据此定义，领导不是一个职位，而是一种选择。

提到领导者，我们想到的是那些愿意让他人参与进来做出改变的人。你可以成为你的团队或者组织的领导者，也可以成为你的家庭或者社区的领导者，任何想要改善现状，并为此付诸行动的人都可以成为领导者。

下文提供的建议，是关于如何运用五个选择来练习领导力，以便与你的工作伙伴创建非凡生活文化，这些建议可以告诉你怎样将每个选择的原理运用到不同的场合以创造更高效的成果。这些建议中的大部分是针对有正式权威职位的群体，无论职位大小都可尝试，但在任何情况下，你都需要做出承诺，有意识地用属于五个选择的行为来为他人做出表率。

这一章是面向所有愿意在自己所处环境中担当领导者并尝试改变的人，你只要简单地浏览一下下文的几个想法，看看哪些适合自己，并做出承诺，每次一个地实施它们。

选择一：做重要的事情，不做紧急的事情

• **与你身边的人分享你要创建非凡生活文化的承诺。** 要明确说明你想要完成的目标，以及这个目标如何帮助其他人在每一天结束时感到满足。通过把这个承诺公开化，你等于表态说："这件事很重要，我愿意为此负责。"

• **教会他们时间矩阵模型并将它与业务绩效挂钩。** 在团队会议或其他场合投入时间教会大家使用时间矩阵模型以及投入产出回报表，制作时间矩阵的挂图并把它挂在显眼的位置。将你的团队或者企业目标设置成象限2形式，以便其他人明白哪些需要是首要事项以及象限2的重要性。当你明确地将业务与象限2联系在一起时，每个人都可以对自己的时间、精力、能量的用处做出更好的规划，同时，他们还能看到紧要事项以及不集中注意力甚至浪

费精力的风险，意识到象限1活动固然重要，但会阻碍他们集中能力为实现象限2目标而进行的高品质工作。你需要对其他象限也实行因地制宜的策略，针对自己的团队或组织可能出现的干扰或者危机具体举例，便于人们提防这些情况的出现。

- **用象限2方式与大家交流。** 单独与一位员工坐下来交谈，阐明象限2的原理，这个人可以是你的上级（向他说明象限2对你的益处）。作为一个领导，你应该帮助他人有意识有目的地认清他们角色的重要性。如果你没有正式的权力，不妨以同事的身份向他人推荐象限2，或在开始一个项目、建立一段合作关系、与他人交流时介绍这个方法。如果你是正式的领导者，你可以将象限2作为领导力培训和绩效考核的一部分。你要询问大家是什么阻碍了他们的专注力，并保持开明和坦诚的态度。弄清大家是否在重要事项上投入了足够的时间，你如何提高他们的专注度？需要解决哪些干扰源？只要有可能，都要严格清除象限3与象限4，以便你能够建立一个有意识的、健康的、高效的非凡生活文化氛围。

- **在日常交流中使用表示重要性的语言。** 作为一个领导者，你说的话是有影响力的，要使用诸如"象限1、象限2、象限3、象限4、思考型大脑、反应型大脑、选择时刻、暂停—明确—决断、注意力和能量管理"之类的词汇。询问事情的重要性而不仅仅关注它的紧急度，询问大家的成果，而不是只关注他们有多忙。有意识地使用代表重要性而不是忙碌度的语言，时刻强调你们的文化在于完成重要的事情。

- **允许战略性暂停**。创建一种氛围，使人们在其中感觉可以安全地按下暂停键并做出分配其时间、注意力和能量的适合决定。允许有人提出一些艰难的问题：我们为什么要做这件事？这样做对我们想要的结果有什么贡献？这件事现在就需要做吗？这件事是否干扰我们处理更优先的事情？我们确实需要做这些事吗？

我们并不是要求大家一次性挑战所有的事情或者鲁莽行事，人们需要运用自己的判断力来做出明智的决定。坦白讲，虽然有些事需要做是因为迫于上级的要求，但是，当你选定自己的目标时，文化氛围就渐渐地随之转变，人们会越来越多地做有意义的事情。

- **建立战略性暂停**。你可以帮助自己的员工学会暂停以做出更适宜的选择，并通过在公共场合亲身示范来达到这个目的——如果你还能再挑战自己最初的某个决策就更好了。有时这样做的结果可能使人不安，但当人们有能力挑战自己的工作时，他们也同样有机会更全身心地投入到会真正创造变化的事件中。当人们看到你对于这些原则和程序都言行一致时，你就给予了他们做同样事情的许可和鼓励。

- **帮助其他领导者明确定义象限2**。如果你领导着其他领导者，那么协助他们以五个选择的方式生活并专注于象限2事项会对他们和他们领导的人员产生显著影响。与他们讨论象限2角色描述中的关键元素，如他们专注于哪些事情？他们的象限2关键目标是什么？与他们回顾时间矩阵模型的处理方式，确保他们对真正重要的事情了然于心，要求他们清除其他任务或委托他人处理以使自己的贡献最大化。这对于新晋升的领导者尤为重要，因为他们可能还在尝试作为个体时他们成功的方法，而没有像他们应该的那样分配和委托工作。要帮助他们认识到如果想要在新的领导角色中取得成功，他们需要关注与之前不同的问题。他们角色的变化已经改变了象限2对他们的意义和他们应该关注的事情，这对于任何正在进行角色转变的人都适用，他们需要重新定义在新角色中重要的事项，并布置计划完成它们。

- **不要让人们进入象限1循环。**如果你还没有准备好，那么你的下属就可能因此遭到毁灭性的影响，我们将此成为组织中的"咔哒——旋转"理论。想象一堆齿轮嵌在一起，当大的主动轮旋转时，会发出咔哒声（代表某个决定或对某个信息的需求等），那么在此组织中下层的另一个齿轮就会开始快速旋转来满足这个要求。如果你是正式的领导者，这样做是可以的，你的工作就是做出决定让其他人去执行，但如果你自己没准备好或者没事先考虑清楚，而在以象限1的模式运转，那么你就等于在给其他人制造不必要的危机情景。你可能听说过这个理论："因为你缺乏准备而导致的危机不应该成为我的危机。"这个观点也同样适用于领导者。因为你处于权力位置，其他人可能不会监督你，所以具有自知之明的能力就至关重要。当你个人做好准备以及不滥用职权时，你的组织也会因此产生重大改变。

- **不要将他人拖入象限3的泥潭中。**"咔啦——旋转"理论的坏处是你可能轻易就将几个人或者一组人拖入象限3干扰源中。有时领导会不假思索地大声说出他们想要得到的一些信息，它就变成了某个人接下来72小时要完成的项目。如果获取的是重要的信息，那么还可以算作象限1或象限2，但如果是不重要的信息，这样做就变成在浪费那个人的时间，所以请确保自己只追寻重要的信息。可以在你要求某人做某事之前先过滤一番，如果确实是要事，径直提出要求即可，这是领导的特权，如果不重要，那么就摒弃它。

• **不要假设。**请明白这一点，你的直属员工会假设你要求的所有事情都需要马上去执行，这是长久以来的标准运行模式。即使某个项目你在6个月内都无意启动，你可能还是会看到某人在为此高速旋转，所以，请明确表述你的期望以打破这个规律。

• **设立积极的仪式。**就像很多家庭有围绕节日、度假等设立的传统仪式一样，各个组织也可以围绕其成员对象限2优先权的专注度设立一些仪式。对于一个特定文化来说，某些事会自动转化为具有特殊意义的事件，而其他则会被有意识地各归其位。在组织中，领导者可以建立一个象限3墓地，作为每次一个重大干扰源被消灭时的处置所。你可以把它展示在墙上，贴上墓碑，标明消灭这个干扰源的人员姓名。或者，一个领导可以给予保质保时，而没有赶工就完成项目的人员表彰（避免庆祝那些在最后一分钟冲进来拯救一切的象限1危机英雄的胜利）。你要怎样做完全由你自己决定，只要注意哪些事可以被设为传统仪式以加强组织文化的象限2关注度。

- **奖励象限2行为。** 对英雄主义进行奖励存在于我们的企业基因中，因此成功解除危机情况的员工会在每月例会上得到奖励。如果我们对这种行为不注意，就可能助长象限1文化。我们需要找寻在根源上成功的项目，防止象限1产生，或者找寻那些按时按照预算而没有赶工完成的项目以及衍生出很高未来回报率的团队，予以表彰，这是将你的组织文化引入其思考型大脑的有效方式。

选择二：追求非凡，不甘平庸

- **与其他人分享你自己的象限2领导角色描述和目标。** 你选择在哪个方面施展你的能量是至关重要的。与他人分享你作为一个领导者的首要事项，告诉他们你尝试要达到的目标。如果列表中的一部分过于私密，没关系，只要分享你认为可以的那一部分就好。通过向你的团队阐述你的首要任务，也可以帮助他们调整自己的努力方向以确保这些事情得以完成。作为一位领导者，你不可以（也不应该）尝试包揽一切，只要选取其中你需要完成的最重要的两三件事，以它们为中心组织工作，其他的任务可以取消或委托他人代办。直白地说明你需要为自己的象限2目标做出的努力，并帮助他人理解你专注于此的目的。他们会感谢你的直白态度，并将精力集中在他们自己的工作中，甚至可能提出很好的主意帮助你把你专注的事情做得更好。

- **让其他人定义其象限2角色描述和象限2目标。** 如果你是一位正式的领导并且可以做到这一点，那么要求你团队中的员工想出他们对自己的角色想要做出的努力，并且与你分享，你们之间的对话会既具有启发性又具有激励作用。这个原理你可以运用到团队中，也可以运用到个人身上。想象一下，团队在项目伊始用简洁且激励人心的发言陈述这个项目对于整个组织的贡献以及它与本组织的目标之间的关联性，你可以在组织中普及这种思维方式。

- **设立组织目标时运用"从X到Y，截止日期"的公式。**制定你的目标时，将它建立在现代大脑科学的基础上，这个公式可以帮助你及其他人更好地决定怎样运用你的时间、精力和能量。

选择三：装进大石头，抛弃小沙粒

- **建立组织中的象限2时区。**作为一位领导，你应该邀请他人参与制订组织的长远规划，向前规划几个月、几个季度甚至几年。如果你还没有这样做，那就是没有做好你的本职工作。通过制订尽量长期的规划和筹划一些关键活动或模式（*如季度总结或秋季产品发布*），你就在给员工创造机会为他们的工作做更好的准备并以象限2模式运行。或者，为重复率高的活动建立一套程序，以便更好地处理它们，这样做还可以避免产生使你的整个组织进入象限1状态的自我危机感，有些组织甚至筹划一些常规的思考时间或创新时间。

- **与你的领导团队练习象限2规划。**普通的团队调度会议与象限2规划会议是有很大不同的，调度会议的特点是处理短期的小事，而象限2规划会议是以你的长期努力和重要的象限2目标为出发点的，探讨的是怎样的关键活动可以帮助你取得重要的组织成果，并把这些活动放在首位。每个组织都有一个集体的反应型大脑和思考型大脑，象限2规划可以帮助你的团队进入思考型大脑模式，并针对重要事件而不仅仅是紧急事件做出规划。

• **进行每日象限2会议。**在某些组织中，每日的团队会议是很关键的。例如，在活跃的软件开发领域，各个团队经常进行每日站立会议来决定当日的重要事项，并清除可能出现的障碍以便继续推进。尤其当团队人员正专注于完成重要的事情，移除干扰源，防止可能引发未来危机的问题发生时，这个活动的性质与个人的每日象限2规划是类似的。当你掌握了象限2心态和语言，象限2规划的原理可以运用到多种情况中。

• **擅于做你常做的事。**与你的团队一起花一些象限2时间来围绕你们最重要也经常进行的工作，建立一个运行良好的程序，这可以帮助组织中的所有人员专注于象限2，避免浪费精力和返工情况的发生，为日后的工作打下坚实的基础。正如工艺大师爱德华兹·戴明所言："如果你不能将你所做事情的过程描述清楚，那么你就根本不知道你在做什么。"

选择四：做技术的主人，不做技术的奴隶

• **创建一个组织内部的象限2宣言。**作为一个领导者，应该主动设定关于处理电子邮件、短信等通信方式的清晰的方针政策，

这样做可以帮助你的团队明白怎样优先处理来自你的以及发送给其他人的信息，并针对相关事项设定常规的方针政策，以便团队成员了解何时可以安全关机。当大家的期望值和政策都清晰明了时，压力值也会下降，人们就可以自如地将自己的创造力和精力集中在最重要的事情上。

- **使用正确的科技手段。** 作为一位领导者，你可能对组织中使用的系统和设备有一定影响力。请选择可以帮助人们组织"四个核心"信息的科技产品，安装优良的垃圾邮件过滤器，检查防火墙和身份验证系统，确保人们可以在各个设备之间安排好自己的信息。这是一场争夺员工注意力的战争，所以你不会想看到不需要也不必要的干扰源，或者阻挡人们做好本职工作的障碍。你需要提供给他们一些必要的科技手段和相关政策，使得他们可以在需要的时候在正确的地方找到关键的信息。

- **教授象限2程序图，并把它挂在墙上。** 确保人们了解流程图并且掌握了三大招式的技巧。如果人们既能理解这张示意图，又具备了必要的科技手段和技能作为支持，那么他们就已经全副武装准备打赢对抗每日电子通信入侵的这场战役。请你定期回顾示意图的内容，询问员工其原则实施的情况以及你制定的政策是否真正帮助他们轻松应用"四个核心"达到想要的结果。

选择五：保持精力充沛，避免精疲力竭

- **照顾好自己。** 领导是最辛苦的知识性工作之一，作为一个

有效率的组织领导者，你会耗费很多心理能量和情感能量，因此，没有人比一位领导者更应当从象限2生活方式中受益。五个选择的原理不但可以帮助你成为一个组织的高效率领导者，还可以让你保持对工作的热爱，避免把自己搞得焦头烂额。请你从照顾自己开始，按照五个选择的原理安排好个人生活：花时间锻炼，吃健康的食物，保证睡眠质量，定期做象限2重启和放松，巩固关键的人际关系。坚持这样做，你就会成为一位更杰出的领导者。

- **提供健康的食物选择**。这一定会在办公室引发轰动。每个人都热爱食物，如果你在办公区域提供健康的餐饮选择，人们不但会感谢你这样做，还会为此欢呼雀跃。当你看到大家在下午的会议上反应机敏、工作投入，而不是处于糖过量的昏迷状态，就会体会到这项资金投入的价值。

- **设立大脑小憩时段**。当你发觉会议持续时间过久，你可以建议大家来个大脑小憩，让他们起身走动一下，或者开设站立会议，花几分钟讲个笑话。这样做会帮你恢复动力，活跃气氛，使下一轮工作更有效率。

- **尊重休假权**。当有人休假时，让他们去享受假期，尽量避免在休假时给他们发邮件、短信或者打电话。如果你让员工得到充分的放松，那么当他们回到工作中时就能够更加蓄势待发。

- **鼓励一种正能量精神而不是工作狂**。在你的组织文化中培养一种健康和正能量的精神，而不是鼓励工作狂、连轴转、无论如何都要做完工作的组织文化。当然，有时我们不得不加班，这是现实，但如果一个组织的文化是鼓励神志不清、睡眼惺忪、连夜熬通宵的行为模式，你就是在给自己设陷阱，更糟的是，你在耗尽自己组织文化中需要的创新能量，这种能量是你发掘下一个将你推向上一级或者在竞争中脱颖而出的创新观念的保障。所以，你要鼓励那些努力工作、成绩突出且没有把自己变成办公室僵尸的员工，鼓励那些把自己最好的能量状态带入工作中的员工，他们才是你所在组织的最佳员工。作为一位领导，你携带的能量值以及你管理自身健康的方式会在很大程度上影响你的组织文化的形成。

建立非凡的组织文化

在21世纪，管理需要做出的最重要的贡献就是提高知识工作和知识工作者的效率。

——彼得·德鲁克

这一章是针对拥有权威和意愿将非凡生活文化在自己的组织中制度化的高级领导者。下面将对实施的程序进行概述，这个程序是依据富兰克林柯维公司用来帮助客户显著改善其组织文化的程序设立的。

组织文化是组织的操作系统

你所拥有的多数复杂的电子设备都设有操作系统，比如你的智能手机，可能是由苹果的IOS系统、谷歌的安卓系统、微软系统或者是其他系统来运行，操作系统存在的意义就是使其他程序良好运行。

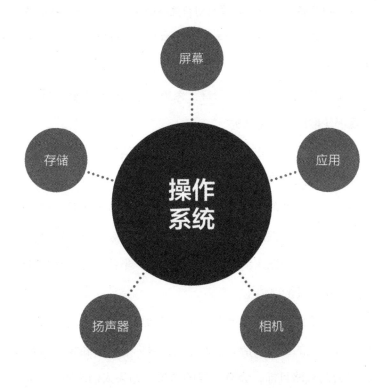

　　组织文化就像组织的操作系统，如果你有很好的操作系统，那么你所尝试进行的各个项目都可以更好地运行，无论这个项目是要达到营收目标还是改善生产流程和系统，强大的操作系统会让任务进行得更顺利，反之，如果你使用的是一个损坏的或者功能失调的操作系统，你要做的事情就可能完全无法进行。

　　当你在组织中引入了非凡生活文化，就会发现人们开始具备以下特质：

- **自主导向**：自主将注意力导向首要事项。
- **自主选择**：自主选择针对首要事项能够产生最高回报的活动。
- **自主部署**：将最佳注意力集中在这些活动上，以最好的状态投入工作。

当非凡生活文化开始运行，你想要达到的最重要的目标，就会像涡轮增压般快速推进。

回想一下我们在本书开篇分享的数据信息。我们展示了一个为期6年在全球范围内进行的调研，有351613人参与其中，这些被调查者表示他们40%多一点的时间和精力被用在对公司或自身无用的事情上，据此，我们判断出这就是当今各个组织中最大的隐藏成本，这个调研的数据显示你将近一半的工资花费在对你的战略目标无关的事情上。

如果你的组织文化可以让人们自动地将自我意识导向可以产生积极影响的重要事情上，无论是针对你设置的底线还是你们正在努力的战略目标，会有怎样的结果？如果人们不断挑战自己，清除阻碍他们更加高效的绊脚石，会有怎样的结果？如果人们总能够以充沛的精力和体能投入工作，完成需要完成的任务又会有怎样的结果？最关键的是，如果人们可以经常把自己的全部创新才能毫无保留地投入到他们的工作中，会有怎样的结果？

我们的调查数据显示，在引入非凡生活文化的最初几个月内，组织就会出现象限2投入时间增长24%的情况，有时，这个数值可以高达35%。

正如电脑的操作系统需要安装程序一样，非凡生活文化也需要安装在组织中。下面我们推荐的程序可以告诉你如何在组织中安装五个选择这个操作系统，并且在3~6个月内，在你的工作场所看到可衡量、可审计的效果。

- **每周在团队会议上进行象限2对话**。团队领导者将定期在会议室运用时间矩阵模型来帮助自己的员工保持对象限2大事件的注意力，清除象限3干扰。

- **象限2角色描述和目标**。每个员工应该针对他们要在工作中做出的贡献制定好具体的陈述，并为此制定具体目标，向自己的直属上级报告，这些行为集中在一起就形成了关于工作表现的对话。

- **每周和每日象限2规划**。个人需要每周每日定期针对自己的工作目标制订规划。

- **常规电子设备使用政策**。你应该制定好一套常规电子邮件使用政策，避免人们在此浪费时间，以便更高效地使用电子邮件系统。

- **高能量值活动**。你会看到当你用象限2能量指数来衡量员工表现时，他们会展示出更高的能量值和支持率。

你还会看到其他更多由五个选择引发的，支持非凡生活文化的个性化行为，而且，这种可衡量的行为将在你的组织中广泛传播。

如何在你的组织中安装五个选择原理

下面提到的步骤阐述了我们帮助一些组织引入"五个选择"操作系统时的一些关键元素，你可以因地制宜地进行调整。

1. **领导团队讲座**。首先，选出一位高管和一个冠军团队，他们负责培训领导层和组织中的其他人员。在为期大约半天的讲座中，领导团队会学习五个选择理论，重点强调时间矩阵模型，然后回顾各自团队中与五个选择相关的数据，以及他们现在花费在象限2事项上的时间，并讨论原来被其他的象限所削弱或消除，但在分析数据时又重现的可以轻松完成的目标。

2. **冠军团队认证**。你所在组织的教练和协助员需要通过认证才能协助组织五个选择工作会议，以保障该文化的安装过程和问责制的设立可以顺利进行。

3. **领导培训**。组织领导者和经理学习五个选择理论，以及怎样用象限2方式领导自己的团队。围绕前期提到的五个可审计的行为，在接下来的5周里，分配给他们具体任务，并要求他们在自己的团队里实行。

4. **团队成员培训**。各团队学习五个选择理论，并围绕前期提到的5个可审计的行为，在接下来的5周里，分配具体的活动项目予以实施。

5. **领导问责制和汇报**。在培训结束5周后，团队领导向高管做汇报，内容包括5个可审计行为的实施效果，及其对团队表现力产生的影响。

6. **重新评估**。在启动五个选择文化约3个月后，需要运用五个选择理论重新进行评估，以审核组织成员在象限2事项上花费了多少时间以及在象限2能量指数的得分情况。

7. **可持续发展**。这个阶段会持续12个月，包含继续学习（包括新进员工的培训），检验实施手段，重新评估和相关资料的可见提醒，以及为没有达到设立目标的团队提供定向帮助。

五个选择安装过程示意图

这个过程以示意图的形式呈现，是这样的：

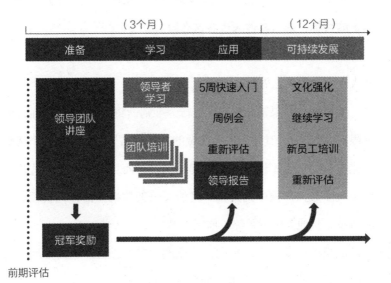

成为象限2中的领导者

虽然我们谈了许多安装五个选择文化的方法，但我们需要明确的一点是，文化是不能被安装的，它只能逐渐形成。

尽管我们列举了明确的步骤供领导者遵循，文化的形成最终归结于其领导者的行为准则。

- 如果领导经常停下脚步，询问其他人是否处于象限2状态，那么大家就会以象限2状态行事。

- 如果领导在公共场合叫住某人，交办他一个象限3事项并大声说出来，那么人们也会这样做。

- 如果领导与其他人探讨自身想要做出的贡献，并分享为此设定的目标，那么其他人也会这么做。

- 如果领导全身心投入工作，并表彰这样做的员工，那么其他人也会开始这么做。

同样地，如果领导违反这些行为准则，将其他人推入象限1或象限3的泥潭中，其他人也会照做的，最终结果是，这次五个选择文化安装的过程不过是一时兴起的提议，而且可悲的是，这是组织中大多数人想象中的结果。可能头一天效果不错，但当领导回归故态，其他人也就畏缩不前了。

成果的蜕变是一个由内而外兑现承诺的过程，它需要尽职的象限2领导者亲身示范和强化执行。

实际上，成为一位象限2领导者是件双赢的事情。选择这种工作方式的领导者会发现自己更加高效和满足，他们所领导的组织及其员工，在追赶他们最重要的战略性目标时也表现得更加出色。

由内而外建立象限2文化的领导过程

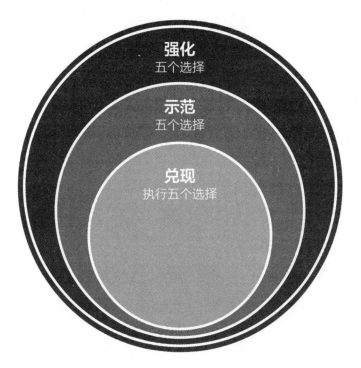

最佳电子邮件的25个要点

1. 简明扼要。在你按下发送键之前，浏览一下邮件内容，删除所有与你想要表达的内容无关的信息。

2. 以行动本身做主题。好的邮件主题就像醒目的标题一样，让人们愿意继续阅读。如果你发邮件请求某人做某事，就把该事项写在主题栏中，如"审核预算文件"。

3. 避免使用空洞的单字做主题。没有人愿意读一封题目被懒散地标为"某事"的邮件，针对邮件的内容写明主题，这样做也可以使你的邮件简明扼要。

4. 一封邮件不要探讨多个主题。电子邮件不能有两个主题，只能有一个主题。要探讨不止一个主题，就多发几封邮件，这样做可以使沟通更便利，同时避免邮件过长。

5. **不要依靠感叹号（如"！"或"！！"）提升紧急度**。对你来说重要的东西通常对别人并不那么重要，这是个可悲的事实，所以最好选用一个醒目的标题来引起收件人的注意。

6. **先写邮件内容再填收件人**。我们几乎总是下意识地先写收件人，现在我们需要尝试训练大脑把收件人信息放在最后填写。多数人至少有过一次还没写完邮件就不小心发送出去的尴尬经历，不要让想按"添加附件"或者"保存"却按了"发送"这种错误使你丢了工作。

7. **将实施细节写在最前面**。人们一般只读邮件的第一段，即使你写的是极其重要的信息，所以不要把邮件的重点埋没在文章的末尾。

8. **写明这件事你交办给谁**。如果邮件发给多人（包括抄送），而且需要尽快执行，你就需要写明由哪个收件人负责具体执行，并附上详细信息，包括具体执行的时间，例如：

收件人：佩奇

抄送：梅朵、阿尔多、特里

佩奇，请使用修订模式浏览附件文件，并在本周五前完成校对。
梅朵、阿尔多、特里，这封邮件仅供参阅，无须执行。

9. **如果邮件较简短，直接把邮件内容写在主题栏，在末尾加上（完）即可**。这样做表示邮件内容已经完结，而且可以使收件人明白他们不需要再打开这封邮件，这是在节约大家的时间，例如，"会议在15分钟后开始（完）。"

10. 在你的邮件末尾标注"无须回复"，表明不需回复邮件。当然，是否这样做需视情况而定，但大家会因此默默感谢你的。

11. 必要时使用前缀。 标明象限1，使收件人明白这封邮件的紧迫性，也可以让他们清楚如何做出回复，但不要总喊"狼来了"，只在真正紧急和重要的邮件中使用象限1前缀。不过，如果真的事出紧急，邮件是否仍然是最好的通讯手段呢？这就把我们带到了下一个问题……

12. 象限1事项不要使用邮件沟通。 是，邮件是几秒钟内就可以送达收件人，但这不代表收件人会在几秒钟内读取邮件。不要忘记与他人直接交谈还是用电话，或者起身穿过走廊直接去找当事人面谈可以更好地解决问题。

13. 避免过多使用缩写形式。 缩写虽然可以节省很多时间，尤其是用到主题栏里很便捷，但是缩写有很多种，很容易使收件人混淆你的意思。

14. 在24小时内回复邮件。 当然，回复时间的长短也取决于邮件的性质，如果是一个可以在周末前处理完的象限2问题，至少要给发件人发信息通知他回复的具体时间。

15. 不要期求即时回复。 我们建议人们每天只在固定时段查看邮件，你也应该这样做。鉴于此，你要给收件人留出回复时间。

16. 请使用外出自动回复功能。 如果你有事外出一段时间，那就需要通知其他人。一般来说，你可以给组织内外或所有联络人设置外出自动回复邮件。有些程序限制你仅能为联系人列表中的成员设置自动回复，这样其实更好，因为它可以防止你自动回复垃圾网站，导致收到更多的垃圾邮件。

17. **过滤不必要的抄送**。现在人们过度使用抄送功能，在使用时确保你抄送给必须看到此邮件的人。需要注意的是，抄送通常意味着此收件人无须做出回复，你只是在传达信息，所以如果你抄送单中某人需要对此做出回应，请注明。

18. **谨慎使用密送功能**。使用此功能时最好确保收件人彼此不认识，这样做就可以保证不泄露他人的联系方式，而现在的一些智能手机不能显示你属于密送收件人，所以当你没有在收件人一栏出现，却回复了该邮件，情况就不太妙了。

19. **不要使用全部回复**。你知道大多数回复邮件都是没什么价值的，所以尽量远离这一阵营。我们感谢你没有全部回复，其他人也会对此表示感激。

20. **标明附件内容**。不要把附件命名为"文件1.docx"或者"CB0056.pdf"，让收件人猜测其中的内容。使用更清晰的名称，如"重组会议记录"。

21. **总结议题**。如果你要将一个议题转发他人，最好总结其内容，而不是让转发收件人看完整篇邮件。你也可以将与他相关的议题内容标出，以便其查看。

22. **及时在你的地址簿中添加最新联系人**。这样做可以避免邮件被发送到邮件垃圾箱的危险。

23. 确保你在邮件末尾处留下联系方式。 这样做可以让收件人立即联系到你，或者继续与你以其他形式探讨相关事项的细节。

24. 不要使用工作电邮谈论私事。 工作电邮不是供个人使用的，它属于公司财产的一部分，把私事留在休息时间处理。再说，为什么要让私人信息占据你宝贵的工作邮箱空间呢？为何不再设立一个邮箱地址专门处理私事？

25. 不必要时不要使用电邮通讯。 我们很多人一天可以少发100封邮件，你只要起身，穿过走廊，直接去同事的办公室说明情况；或者如果你写邮件就花了十几分钟，那这件事可能不适合用邮件交流。总之，邮件最好的用途是收发信息，如果用来解决矛盾、发泄情绪、发表激烈言论、八卦、谴责某事或者抱怨，它不但不太有效，甚至会适得其反。这些情况，一定有更好的通讯方式，或者，对于某些事情，还是保留己见更为合适。

重要模型

富兰克林柯维的时间矩阵模型

重要的

象限1 必须做的事情

危机
紧急会议
到最后一分钟的最后期限
迫切的问题
无法预见的事件

象限2 非凡高效

有前瞻性的工作
高目标
创造性思维
规划
预防
人际关系建立
学习革新

象限3 注意力分散

不必要的打扰
不必要的报告
无关的会议
其他人的小问题
不重要的电子邮件、任务
不重要的电话及状态帖子，等等

象限4 浪费

琐碎的工作
可以避开的活动
过度休息
过度休闲（过度看电视、上网、玩游戏）
浪费时间的事情
闲言碎语

不重要的

紧急的 ⬅➡ 不紧急的

象限2实施步骤图

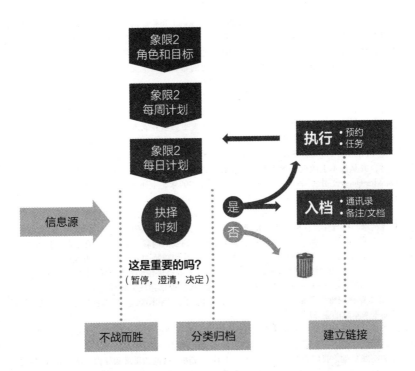

 **FranklinCovey**

　　三十多年前，当史蒂芬·R. 柯维（Stephen R. Covey）和希鲁姆·W. 史密斯（Hyrum W. Smith）在各自领域开展研究以帮助个人和组织提升绩效时，他们都注意到一个核心问题——人的因素。专研领导力发展的柯维博士发现，志向远大的个人往往违背其渴望成功所依托的根本性原则，却期望改变环境、结果或合作伙伴，而非改变自我。专研生产力的希鲁姆先生发现，制订重要目标时，人们对实现目标所需的原则、专业知识、流程和工具所知甚少。

　　柯维博士和希鲁姆先生都意识到，解决问题的根源在于帮助人们改变行为模式。经过多年的测试、研究和经验积累，他们同时发现，持续性的行为变革不仅仅需要培训内容，还需要个人和组织采取全新的思维方式，掌握和实践更好的全新行为模式，直至习惯养成为止。柯维博士在其经典著作《高效能人士的七个习惯》中公布了其研究结果，该书现已成为世界上最具影响力的图书之一。 在富兰克林规划系统（Franklin Planning System）的基础上，希鲁姆先生创建了一种基于结果的规划方法，该方法风靡全球，并从根本上改变了个人和组织增加生产力的方式。他们还分别创建了「柯维领导力中心」和「Franklin Quest公司」，旨在扩大其全球影响力。1997年，上述两个组织合并，由此诞生了如今的富兰克林柯维公司（FranklinCovey, NYSE: FC）。

　　如今，富兰克林柯维公司已成为全球值得信赖的领导力公司，帮助组织提升绩效的前沿领导者。富兰克林柯维与您合作，在影响组织持续成功的四个关键领域（领导力、个人效能、文化和业务成果）中实现大规模的行为改变。我们结合基于数十年研发的强大内容、专家顾问和讲师，以及支持和强化能够持续发生行为改变的创新技术来实现这一目标。我们独特的方法始于人类效能的永恒原则。通过与我们合作，您将为组织中每个地区、每个层级的员工提供他们所需的思维方式、技能和工具，辅导他们完成影响之旅——一次变革性的学习体验。我们提供达成突破性成果的公式——内容+人+技术——富兰克林柯维完美整合了这三个方面，帮助领导者和团队达到新的绩效水平并更好地协同工作，从而带来卓越的业务成果。

　　富兰克林柯维公司足迹遍布全球160多个国家，拥有超过2000名员工，超过10万个企业内部认证讲师，共同致力于同一个使命：帮助世界各地的员工和组织成就卓越。本着坚定不移的原则，基于业已验证的实践基础，我们为客户提供知识、工具、方法、培训和思维领导力。富兰克林柯维公司每年服务超过15000家客户，包括90%的财富100强公司、75%以上的财富500强公司，以及数千家中小型企业和诸多政府机构和教育机构。

　　富兰克林柯维公司的备受赞誉的知识体系和学习经验充分体现在一系列的培训咨询产品中，并且可以根据组织和个人的需求定制。富兰克林柯维公司拥有经验丰富的顾问和讲师团队，能够将我们的产品内容和服务定制化，以多元化的交付方式满足您的人才、文化及业务需求。

　　富兰克林柯维公司自1996年进入中国，目前在北京、上海、广州、深圳设有分公司。

　　www.franklincovey.com.cn

更多详细信息请联系我们：

北京　　朝阳区光华路1号北京嘉里中心写字楼南楼24层2418&2430室
　　　　　电话：（8610）8529 6928　　　邮箱：marketingbj@franklincoveychina.cn

上海　　黄浦区淮海中路381号上海中环广场28楼2825室
　　　　　电话：（8621）6391 5888　　　邮箱：marketingsh@franklincoveychina.cn

广州　　天河区华夏路26号雅居乐中心31楼F08室
　　　　　电话：（8620）8558 1860　　　邮箱：marketinggz@franklincoveychina.cn

深圳　　福田区福华三路与金田路交汇处鼎和大厦21层C02室
　　　　　电话：（86755）8337 3806　　　邮箱：marketingsz@franklincoveychina.cn

柯维公众号

柯维视频号

柯维+

富兰克林柯维中国数字化解决方案：

　　「柯维+」（Coveyplus）是富兰克林柯维中国公司从2020年开始投资开发的数字化内容和学习管理平台，面向企业客户，以音频、视频和文字的形式传播富兰克林柯维独家版权的原创精品内容，覆盖富兰克林柯维公司全系列产品内容。

　　「柯维+」数字化内容的交付轻盈便捷，让客户能够用有限的预算将知识普及到最大的范围，是一种借助数字技术创造的高性价比交付方式。

　　如果您有兴趣评估「柯维+」的适用性，请添加微信coveyplus，联系柯维数字化学习团队的专员以获得体验账号。

富兰克林柯维公司在中国提供的解决方案包括：

I. 领导力发展：

课程	标识	说明
高效能人士的七个习惯®(标准版) The 7 Habits of Highly Effective People®	THE **7** HABITS of Highly Effective People® SIGNATURE EDITION 4.0	提高个体的生产力及影响力，培养更加高效且有责任感的成年人。
高效能人士的七个习惯®(基础版) The 7 Habits of Highly Effective People® Foundations	THE **7** HABITS of Highly Effective People® FOUNDATIONS	提高整体员工效能及个人成长以走向更加成熟和高绩效表现。
高效能经理的七个习惯® The 7 Habits® for Manager	THE **7** HABITS for Managers ESSENTIAL SKILLS AND TOOLS FOR LEADING TEAMS	领导团队与他人一起实现可持续成果的基本技能和工具。
领导者实践七个习惯® The 7 Habits® Leader Implementation	THE 7 HABITS® Leader Implementation COACHING YOUR TEAM TO HIGHER PERFORMANCE	基于七个习惯的理论工具辅导团队成员实现高绩效表现。
卓越领导4大天职™ The 4 Essential Roles of Leadership™	The **4** Essential Roles of LEADERSHIP™	卓越的领导者有意识地领导自己和团队与这些角色保持一致。
领导团队6关键™ The 6 Critical Practices for Leading a Team™	THE **6** CRIRICAL PRACTICES FOR LEADING A TEAM™	提供有效领导他人的关键角色所需的思维方式、技能和工具。
乘法领导者® Multipliers®	MULTIPLIERS® HOW THE BEST LEADERS IGNITE EVERYONE'S INTELLIGENCE	卓越的领导者需要激发每一个人的智慧以取得优秀的绩效结果。
无意识偏见™ Unconscious Bias™	UNCONSCIOUS BIAS™	帮助领导者和团队成员解决无意识偏见从而提高组织的绩效。
找到原因™：成功创新的关键 Find Out Why™: The Key to Successful Innovation	Find Out **WHY**™ THE KEY TO SUCCESSFUL INNOVATION	深入了解客户所期望的体验，利用这些知识来推动成功的创新。
变革管理™ Change Management™	**CHANGE** How to Turn Uncertainty Into Opportunity™	学习可预测的变化模式并驾驭它以便有意识地确定如何前进。

培养商业敏感度™ Building Business Acumen™	Building Business ——Acumen™——	提升员工专业化，看到组织运作方式和他们如何影响最终盈利。

II. 战略共识落地：

高效执行四原则® The 4 Disciplines of Execution®	The 4Disciplines of Execution	为组织和领导者提供创建高绩效文化及战略目标落地的系统。

III. 个人效能精进：

激发个人效能的五个选择® The 5 Choices to Extraordinary Productivity®	THE 5 CHOICES to extraordinary productivity	将原则与神经科学相结合，更好地管理决策力、专注力和精力。
项目管理精华™ Project Management Essentials for the Unofficial Project Manager™	PROJECT MANAGEMENT ESSENTIALS™ For the Unofficial Project Manager	项目管理协会与富兰克林柯维联合研发以成功完成每类项目。
高级商务演示® Presentation Advantage®	Presentation— ——Advantage TOOLS FOR HIGHLY EFFECTIVE COMMUNICATION	学习科学演讲技能以便在知识时代更好地影响和说服他人。
高级商务写作® Writing Advantage®	Writing —Advantage— TOOLS FOR HIGHLY EFFECTIVE COMMUNICATION	专业技能提高生产力，促进解决问题，减少沟通失败，建立信誉。
高级商务会议® Meeting Advantage®	Meeting—— —Advantage TOOLS FOR HIGHLY EFFECTIVE COMMUNICATION	高效会议促使参与者投入、负责并有助于提高人际技能和产能。

IV. 信任：

信任的速度™（经理版） Leading at the Speed of Trust™	Leading at the SPEED OF TRUST	引领团队充满活力和参与度，更有效地协作以取得可持续成果。
信任的速度®（基础版） Speed of Trust®: Foundations	SPEED of TRUST	建立信任是一项可学习的技能以提升沟通，创造力和参与度。

V. 顾问式销售：

帮助客户成功® Helping Clients Succeed®	HELPING CLIENTS SUCCEED®	运用世界顶级的思维方式和技能来完成更多的有效销售。

VI. 客户忠诚度：

引领客户忠诚度™ Leading Customer Loyalty™	LEADING CUSTOMER LOYALTY™	学习如何自下而上地引领员工和客户成为组织的衷心推动者。